Grauspecht-Nisthöhle

Rauchschwalbe beim Nestanflug

Mehlschwalbennest

Haubentaucher am Nest

Gänsesäger-Weibchen

Junge Amsel bettelt um Futter

Bläßhuhn füttert Junges

Detlef Singer

GU Natur-
führer
Gartenvögel

**Die wichtigsten Vögel Europas in Gärten
und Parks kennenlernen und bestimmen**

GU GRÄFE
UND
UNZER

Einstecken – Natur entdecken

Im Vergleich zu anderen Tieren in unserer Umgebung, die versteckt leben oder vorwiegend nachtaktiv sind, lassen sich Vögel relativ leicht beobachten, denn weitaus die meisten sind tagaktiv, zeigen sich relativ offen und können mit Hilfe eines Fernglases auch aus der Ferne bestimmt werden. Zudem machen sie oft durch ihre Lautäußerungen auf sich aufmerksam – viele Vogelstimmen sind so typisch, daß man sie eindeutig einer bestimmten Vogelart zuordnen kann. Diese Eigenschaften, das oft sehr ansprechende Äußere und die faszinierende Lebensweise der Vögel haben dazu beigetragen, daß die Vogelkunde populär geworden ist. Vogelfreunde werden heute nicht mehr als »komische Käuze« belächelt, denn das Beobachten von freilebenden Vögeln ist in vielen Ländern, vor allem Deutschland, England, Holland und Skandinavien, zu einer beliebten Freizeitaktivität geworden. Im Gegensatz zu vielen teuren Hobbys muß man für die Vogelbeobachtung nicht gleich tief in die Tasche greifen: ein Fernglas, am besten mit 8- oder 10facher Vergrößerung, ein gutes Bestimmungsbuch und ein Notizblock zum Festhalten von Beobachtungsdetails sind für den Anfang bereits ausreichend.

Der neue *GU Naturführer Gartenvögel* im handlichen Einsteckformat ist der ideale Begleiter für alle diejenigen, die sich bislang nur wenig mit der Vogelwelt ihrer Umgebung beschäftigt haben und nun die wichtigsten Arten kennenlernen und bestimmen möchten. Aber auch der fortgeschrittene Vogelfreund, der sich für das Leben unserer gefiederten Nachbarn interessiert, erhält für seine Studien wertvolle Anregungen.

Der Führer stellt über 100 der für den Siedlungsbereich wichtigen Vögel Europas in 275 brillanten Naturfarbfotos vor; dabei sind nicht nur Männchen- und Weibchenkleid, sondern auch jahreszeitlich unterschiedliche Kleider und Jungvögel abgebildet. Ein weiteres Foto auf der linken Textseite zeigt meist das Gelege der vorgestellten Art. Finden Sie in den Steckbriefen oder Bildunterschriften keine Angaben zu den Geschlechtern, so handelt es sich um eine Art, bei der Männchen und Weibchen nicht oder nur schwer voneinander zu unterscheiden sind.

Die ausführlichen, leicht verständlichen *Steckbrieftexte* informieren über Aussehen, Vorkommen, Lautäußerungen, Fortpflanzung sowie Ernährungsweise und geben hilfreiche Tips zur Beobachtung.

Das Kapitel *Vogelschutz im Garten* (Seite 152) informiert den Vogelfreund über geeignete Vogelschutzmaßnahmen im Garten, erste Hilfe für Findelkinder und gibt Hinweise sowie Tips, was man bei der Vogelbestimmung besonders beachten sollte. Am Ende des Buches findet der Leser eine anschauliche Zeichnung, die einen naturnahen und vogelfreundlichen Garten mit verschiedenen Nisthilfen darstellt.

Das *Literatur-Verzeichnis* (Seite 156) vermittelt einen kleinen Überblick über Bücher und Tonträger, die weitergehende Informationen zur Vogelbestimmung und zum Schutz unserer Gartenvögel bieten. Im *Register* (Seite 157) sind die beschriebenen Arten unter ihren deutschen und lateinischen Namen zu finden.

Glossar

Jahresvogel: Vogelart, die das ganze Jahr über im Brutgebiet zu beobachten ist; Angehörige mancher Arten (z. B. Kleiber) bleiben das ganze
Jahr in den Grenzen ihres Reviers, andere (z. B. Tannenmeise) streifen
im Winterhalbjahr oft weit umher.
Sommervogel: Vogelart, die nur im Frühjahr und Sommer bei uns anzutreffen ist und die die übrige Zeit des Jahres auf dem Zug oder im
Winterquartier verbringt.
Teilzieher: Vogelart, die entweder im Herbst in ein Winterquartier
zieht oder im Brutgebiet bleibt; man kann also das ganze Jahr über Vögel dieser Gruppe bei uns antreffen, im Winter sind sie jedoch seltener.
Wintergast: Vogelart, die nicht in Mitteleuropa brütet, sondern bei uns
nur überwintert.
Durchzügler: Angehörige dieser Vogelart erscheinen bei uns nur zu
den Zugzeiten.

Die 3 Kennfarben

Seite 6–99   Unter der grünen Kennfarbe finden Sie
                 die Singvögel wie Lerchen, Schwalben,
                 Zaunkönig, Rotschwänze, Drosseln, Grasmücken,
                 Laubsänger, Fliegenschnäpper, Meisen, Würger,
                 Krähen, Finken, Ammern.

Seite 100–129   Unter der roten Kennfarbe finden Sie
                 Mauersegler, Eisvogel, Wiedehopf,
                 Wendehals, Spechte, Kuckuck, Eulen,
                 Falken, Sperber, Fasan, Tauben.

Seite 130–151   Unter der blauen Kennfarbe finden Sie
                 Vögel, die im oder am Wasser leben wie
                 Taucher, Graureiher, Weißstorch, Schwäne,
                 Gänse, Enten, Gänsesäger, Rallen, Möwen.

Der Autor:

Detlef Singer ist Diplombiologe mit Schwerpunkt Zoologie. Als Ver-
fasser, Übersetzer und Bearbeiter von naturkundlichen Texten befaßt
er sich vor allem mit Vögeln und Säugetieren. Er ist Mitautor des
GU Naturführers »Vögel«.

1 Feldlerche

Alauda arvensis
(Lerchen)

Die Feldlerche ist einer der häufigsten Vögel in der Feldflur. Teilzieher; Februar bis Oktober, bei uns in warmen Gegenden auch im Winter. **Kennzeichen:** Größer als Haussperling (18 cm). Unauffällig gefärbter Bodenvogel mit kleiner, gerundeter Haube; Flügelhinterrand und Schwanzaußenkanten sind weiß gesäumt. Gefieder der Jungvögel wirkt »schuppig«. Sitzt nicht auf Bäumen, jedoch gerne auf Pfosten. **Verbreitung:** Fast ganz Europa mit Ausnahme von Island und Teilen Nordeuropas. Überwintert in Südwesteuropa und im Mittelmeerraum. **Stimme:** Ruft »tirr«, »prütt« oder »tschrl«. Gesang aus lang anhaltenden, trillernden und wirbelnden Strophen. Ausdauernder Singflug, »hängt« oft minutenlang ununterbrochen singend hoch am Himmel. **Lebensraum:** Offene, weiträumige Landschaft, vor allem Felder, Äcker und Wiesen. **Brut:** 2 Bruten (April bis Juli). Nest aus trockenen Halmen, innen mit feinerem Material ausgepolstert, in einer Bodenmulde versteckt. 3–4 kräftig braungesprenkelte Eier, vom Weibchen bebrütet; Brutdauer 12–14 Tage, Nestlingsdauer 9–10 Tage. Die Jungen verlassen bereits vor dem Flüggewerden das Nest. **Nahrung:** Insekten, Spinnen, kleine Schnecken, verschiedene Samen und grüne Pflanzenteile. **Beobachtungstip:** Feldlerchen besuchen im zeitigen Frühjahr bei Wintereinbrüchen häufig Futterplätze an Dorfrändern. Im Herbst versammeln sie sich in kleineren und größeren Trupps auf abgeernteten Feldern.

2 Heidelerche

Lullula arborea
(Lerchen)

Eine kleine Lerche, die häufig auf Bäumen sitzt. Teilzieher; Februar bis Oktober. **Kennzeichen:** Größe wie Haussperling (15 cm), mit kurzem Schwanz und schlankem Schnabel. Breite, weißliche Überaugenstreifen, schwarz-weißes Abzeichen am Flügelvorderrand. **Verbreitung:** Ganz Europa nordwärts bis Südengland und Südschweden. Vorwiegend in West- und Südeuropa; in Mitteleuropa sehr lückenhaft verbreitet und selten. Überwintert in Süd- und Westeuropa sowie in Nordafrika. **Stimme:** Ruft wohlklingend »dadidloi« oder »didlui«. Ausdauernder Reviergesang mit sehr vielen, zum Schluß abfallenden, weich und melancholisch klingenden Strophen (»Heidenachtigall«) . **Lebensraum:** Bevorzugt trockene und milde Gegenden. Brütet in sandigen Heidegebieten mit lichtem, trockenem Kiefernwald. In Südeuropa gerne in Wein- und Obstgärten und in Olivenhainen. **Brut:** 2 Bruten (Ende März bis Juni). Gut verstecktes, sauber geflochtenes Bodennest, gebaut aus Halmen, Moos und Haaren. 3–5 weißliche, mit feinen, bräunlichen Punkten übersäte Eier, vom Weibchen bebrütet; Brutdauer 13–15 Tage, Nestlingsdauer 11–13 Tage. **Nahrung:** Insekten, Spinnen, Samen und grüne Pflanzenteile. **Beobachtungstip:** Singt häufig auch nachts. Vom Gewicht der Vögel umgeknickte Spitzen von jungen Nadelbäumen verraten die Anwesenheit der Heidelerche.

Feldlerche (1). Gelege der Feldlerche (2). Junge Heidelerchen im Nest (3). Heidelerche (4).

1 Haubenlerche
Galerida cristata
(Lerchen)

Die Haubenlerche erkennt man an ihrer langen, auffallend spitzen Federhaube. In Mitteleuropa Jahresvogel.

Kennzeichen: Etwas größer als Haussperling (17 cm). Kräftiger Schnabel; Oberseitenzeichnung mehr grau und weniger deutlich als bei der Feldlerche, Flügel breiter und mehr gerundet. Jungvögel mit kürzerer Haube.

Verbreitung: Europa mit Ausnahme der Britischen Inseln und Fennoskandiens. Vorwiegend in wärmeren Gegenden.

Stimme: Ruft weich flötend »diedie-dri« oder »dü-dü-dür-dli«. Reviergesang pfeifend und zwitschernd aus verschieden langen Strophen, nicht so langanhaltend wie bei der Feldlerche.

Lebensraum: Steppen- und Halbwüstengebiete, Brachland; häufig im Siedlungsbereich, sowie in Sport- und Industrieanlagen, auf Straßenpflaster.

Brut: 2 Bruten (April bis Juni). Bodennest aus abgestorbenen Pflanzenteilen, mit weicherem Material ausgelegt; oft direkt an stark befahrenen Straßen oder Gleisen oder sogar auf Flachdächern. 3–5 Eier, vom Weibchen bebrütet; Brutdauer 12–14 Tage, Nestlingsdauer 9–10 Tage.

Nahrung: Hauptsächlich Samen, Getreide, Insekten und Spinnen.

Beobachtungstip: Meist wenig scheu. Singt im Gegensatz zu Feld- und Heidelerche häufig am Boden; der Singflug ist hin- und herschwankend.

2 Mehlschwalbe
Delichon urbica
(Schwalben)

Die Mehlschwalbe ist sehr gesellig und unsere zweithäufigste Schwalbe. Sommervogel; April bis Oktober.

Kennzeichen: Deutlich kleiner und schlanker als Haussperling (13 cm). Reinweiße Unterseite und reinweißer Bürzel sind typisch. Oberseite metallisch blauschwarz, Schwanz gegabelt. Jungvögel oberseits dunkel bräunlich gefärbt, an den Brustseiten »schmutzig«.

Verbreitung: Ganz Europa außer Island. Überwintert in Afrika südlich der Sahara.

Stimme : Ruft häufig »trr-trr«, »brrüd« oder »dschrb«; Warnruf hoch und durchdringend »zier«. Gesang ein schwatzendes und zwitscherndes Potpourri, weniger abwechslungsreich als bei der Rauchschwalbe und ohne deren schnurrendes Endmotiv.

Lebensraum: Brütet im Siedlungsbereich, vorwiegend in Dörfern, an Einzelgehöften und an Stadträndern. Insektenjagd über offener Landschaft und Gewässern.

Brut: Meist 2 Bruten (Mai bis September). Ordentlich aus Lehm gebautes, viertelkugelförmiges Nest mit rundlicher Einflugöffnung, stets außen an Gebäuden. 4–5 weiße, manchmal fein rötlich gepunktete Eier, von Männchen und Weibchen bebrütet; Brutdauer 14–16 Tage, Nestlingsdauer 16–25 Tage.

Nahrung: Kleine Fluginsekten.

Beobachtungstip: Brütet gerne in Kunstnestern für Schwalben. Fliegt etwas unstet und weniger elegant als die Rauchschwalbe.

Haubenlerche (1). Gelege der Haubenlerche (2). Mehlschwalbe am Nest (3). Mehlschwalbe sammelt Nistmaterial (4).

1

2/3

4

Rauchschwalbe

Hirundo rustica
(Schwalben)

Die Rauchschwalbe ist unsere häufigste Schwalbe. Sommervogel; April bis Oktober.

Kennzeichen: Größe etwa wie Haussperling, aber deutlich schlanker (19 cm). Sehr gewandter und rasanter Flieger mit langen, spitzen Flügeln. Stirn, Kinn und Kehle rotbraun, Oberseite bis auf helle Längsflecken auf den Steuerfedern einheitlich dunkel, blauschwarz schillernd. Unterseite weiß mit dunklem Brustband. Jungvögel mit kurzen Schwanzspießen, insgesamt heller und mit graubraunem Brustband.

Verbreitung: Nahezu ganz Europa mit Ausnahme des Hochgebirges und des hohen Nordens. Langstreckenzieher, überwintert im tropischen Afrika.

Stimme: Ruft häufig »witt« oder »witt witt«, »dschäd-dschäd« oder scharf »ziwitt-ziwitt« (Warnruf). Der wohlklingende Gesang besteht aus anhaltenden Zwitscherstrophen mit plaudernden, knirschenden und kristallklaren Motiven, die hastig vorgetragen werden und mit dem typischen, schnurrenden Motiv enden; singt auf Singwarten und im Flug.

Lebensraum: Brütet häufig in Dörfern und im Bereich von Einzelgehöften, auch an Stadträndern. Nahrungssuche über Wiesen und Feldern, Gärten und Parks; bei schlechtem Wetter häufig über Gewässern.

Brut: Meist 2 Bruten (Mai bis September). Oben offenes Nest aus Lehm und Gras, häufig hängen eingemörtelte, lange Halme herab. Rauchschwalben brüten stets innen in Gebäuden, oft in Viehställen oder Scheunen. Die 4–5 länglich geformten Eier mit rötlichen Punkten werden vorwiegend vom Weibchen bebrütet; Brutdauer rund 16 Tage, Nestlingsdauer 20–23 Tage.

Nahrung. Kleine Insekten, die ausschließlich im Flug gefangen werden.

Beobachtungstip: Im Flug wirkt die Rauchschwalbe deutlich zielstrebiger als die Mehlschwalbe. Die Altvögel erkennt man vor allem an ihren langen Schwanzspießen. Die Rauchschwalbe holt ebenso wie die Mehlschwalbe für den Nestbau kleine Lehmklümpchen aus Pfützen. Sie trinkt im Flug von der Wasseroberfläche. Die geselligen Vögel schließen sich im Herbst oft zu großen Schwärmen zusammen, um im Schilf zu übernachten.

Rauchschwalben bauen ihr Nest stets innen in Gebäuden (1). Kurz vor dem Ausfliegen recken sich die Jungen bereits weit aus dem Nest, sobald der fütternde Altvogel erscheint (2). Die Eier sind mit rötlichen Punkten übersät und auffallend länglich geformt (kleines Bild links).

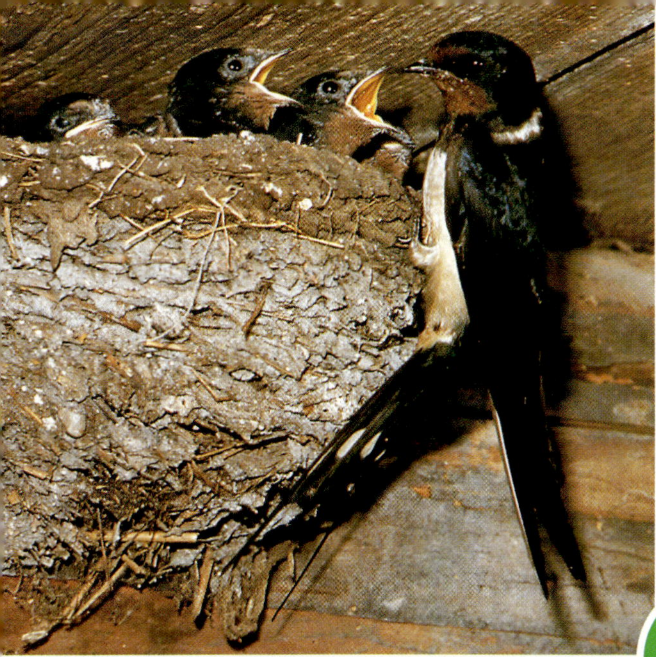
1

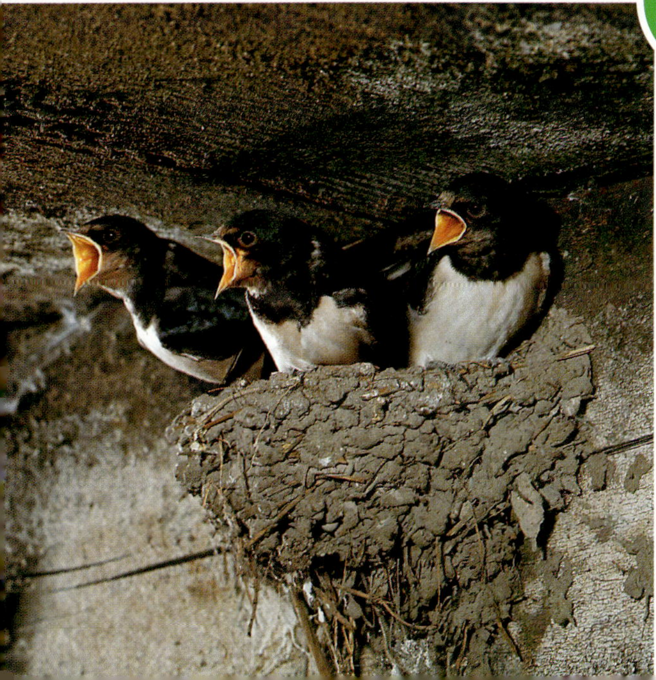
2

1 Bachstelze

Motacilla alba
(Stelzen)

Die Bachstelze ist unsere häufigste Stelze. Teilzieher; März bis November.
Kennzeichen: Größe etwa wie Haussperling, jedoch viel langschwänziger (18 cm). Färbung schwarz-weiß-grau; Weibchen und Jungvögel sowie Männchen sind im Winter blasser.
Verbreitung: Nahezu ganz Europa, auch in Gebirgsgegenden. Überwintert hauptsächlich im Mittelmeerraum.
Stimme: Ruft häufig »ziwlitt«, »pewitt« oder »zitt«. Gesang hastig zwitschernd und schwatzend, wenig auffällig.
Lebensraum: Verschiedene offene Lebensräume, häufig an Gewässerufern; auch häufig in Dörfern und Städten, Gärten und Anlagen.
Brut: Meist 2 Bruten (April bis August). Unordentliches Nest aus Blättern, Halmen und Moos, oft in Halbhöhlen an Gebäuden, an Wehren oder in Schuppen und in Holzstößen. 5–6 hellgraue, dicht dunkel gefleckte Eier, hauptsächlich vom Weibchen bebrütet; Brutdauer 12–14 Tage, Nestlingsdauer rund 14–15 Tage.

Nahrung: Vor allem Insekten und Spinnen am Boden, aber auch Fluginsekten.
Beobachtungstip. Die Bachstelze wippt ständig mit dem langen Schwanz. Trippelnder Gang und ständiges Kopfnicken sind typisch. Die Vögel greifen häufig ihr Spiegelbild in Fensterflächen oder sogar in Autospiegeln an.

2 Schafstelze

Motacilla flava
(Stelzen)

Die Schafstelze ist kurzschwänziger als andere Stelzen. Sommervogel; April bis September.
Kennzeichen: Größe etwa wie Haussperling, aber schlanker und langschwänziger (16,5 cm). Kopf überwiegend grau, Unterseite schwefelgelb.
Verbreitung: Fast ganz Europa. Überwintert in Afrika südlich der Sahara.
Stimme: Ruft häufig »psieh« oder »psüip«. Gesang unauffällig.
Lebensraum: Kurzgrasige Wiesen und Felder, Sumpfwiesen; in Dorfnähe und in Anlagen.
Brut: 1–2 Bruten (Mai bis Juli). Bodennest aus Halmen und Wurzeln. 4–6 Eier, auf hellem Grund dicht rostgelblich gefleckt; hauptsächlich das Weibchen brütet; Brutdauer rund 13 Tage, Nestlingsdauer 11–13 Tage.
Nahrung: Larven und Spinnen am Boden, fängt von Weidetieren aufgescheuchte Insekten.
Beobachtungstip: Wippt fast ständig mit dem Schwanz. Sitzt gerne auf Zaunpfosten oder kleinen Büschen.

Bachstelze (1). Bachstelze füttert Junge (2). Schafstelze (3). Gelege der Bachstelze (kleines Foto links).

1

2

3

1 Gebirgsstelze

Motacilla cinerea
(Stelzen)

Auch die Gebirgsstelze wippt ständig mit dem »überlangen« Schwanz. Teilzieher; das ganze Jahr über in Mitteleuropa anzutreffen.

Kennzeichen: Größe wie Haussperling, jedoch mit sehr langem Schwanz (18 cm); Kopf und Oberseite grau, beim Männchen sind im Prachtkleid Kinn und Kehle schwarz, die Unterseite hellgelb. Sonst mit hellem Kehlbereich.

Verbreitung: Europa ohne den Norden und Osten. Überwintert vorwiegend im westlichen und südlichen Europa.

Stimme: Ruft sehr laut und scharf »ziss-ziss« oder »zick-kick«. Gesang aus rufähnlichen Motiven.

Lebensraum: Bäche und Flüsse, vorwiegend in bergiger Landschaft; auch an Bächen in Dörfern und Parks.

Brut: 2 Bruten (März bis Juni). Nest aus Zweigen, Gras und Moos im Uferbereich, oft in Nischen an Brücken und Wehren.

Nahrung: Insekten und deren Larven, Spinnen und Würmer.

Beobachtungstip: Im Gegensatz zu Bach- und Schafstelze kaum in größeren Trupps.

2 Seidenschwanz

Bombycilla garrulus
(Seidenschwänze)

Seidenschwänze kommen nur als Wintergäste aus dem hohen Norden nach Mitteleuropa.

Kennzeichen: Kleiner als Amsel (18 cm). Typisch sind das seidig glänzende Gefieder und die auffällige Federhaube sowie gelbschwarze Flügel mit roten Hornplättchen.

Verbreitung: Brütet im Norden Skandinaviens und Rußlands. Unternimmt bei Nahrungsmangel in den Brutgebieten weite Wanderungen, die bis nach Mittel- und Südeuropa führen.

Stimme: Ruft hoch und schwirrend »sirrr«.

Lebensraum: Brutvogel der hochstämmigen Fichtentaiga oder in Birkenwäldern Nordeuropas. Im Winter auch in Parks und Gärten.

Brut: 1 Brut (Mai bis Juni). Nest aus Zweigen und Flechten, meist in Fichten mit Bartflechtenbehang. 3–5 weißliche Eier mit dunklen Flecken; Brutdauer 13 Tage, Nestlingsdauer 15–17 Tage.

Nahrung: Vorwiegend Beeren (vor allem Eberesche, Misteln, Schneeball); zur Brutzeit Insekten.

Beobachtungstip: Das Flugbild erinnert an das des Stars. Seidenschwänze besuchen im Winter gerne beerentragende Sträucher in Parks und Friedhöfen; sie treten nicht jedes Jahr auf, jedoch meistens in größeren Trupps.

Gebirgsstelzen-Männchen (1). Gebirgsstelzen-Weibchen am Nest füttert Junge (2). Seidenschwanz (3). Gelege der Gebirgsstelze (4).

1

2

3

1 Zaunkönig

Troglodytes troglodytes
(Zaunkönige)

Der Zaunkönig huscht wie eine rostbraune Maus durch bodennahes Gestrüpp. Jahresvogel.
Kennzeichen: Einer der kleinsten Vögel Europas (9,5 cm); Gestalt kugelig; Gefieder bräunlich, fein gebändert; hält den kurzen Schwanz meist aufgestellt.
Verbreitung: Ganz Europa mit Ausnahme des hohen Nordens.
Stimme: Ruft häufig hart »teck teck teck ...« oder schnurrend »zerr«. Gesang laut schmetternd und trillernd.
Lebensraum: Unterholzreiche Wälder und Gehölze, häufig in gestrüppreichen Gärten und Parkanlagen.
Brut: 2 Bruten (April bis Juli). Das Männchen baut mehrere, kugelige Moosnester, von denen das Weibchen eines auswählt. 5–7 weißliche, zart rötlich gesprenkelte Eier, vom Weibchen bebrütet; Brutdauer 14–16 Tage, Nestlingsdauer 15–18 Tage.
Nahrung: Kleine Insekten und deren Larven; Spinnen, Würmer.
Beobachtungstip: Sucht meist in Bodennähe nach Nahrung. Hält sich gerne in Wassernähe auf.

2 Wasseramsel

Cinclus cinclus
(Wasseramseln)

Die Wasseramsel ist der einzige Singvogel, der schwimmen und tauchen kann. Jahresvogel.
Kennzeichen: Gestalt gedrungen und kurzschwänzig, kleiner als Amsel (18 cm). Gefieder überwiegend dunkel, auffälliger weißer Brustlatz. Jungvögel viel heller, ohne deutlichen Brustlatz,
Verbreitung: In Europa lückenhaft verbreitet, fehlt großenteils im Osten; vorwiegend im Mittel- und Hochgebirge.
Stimme: Ruft scharf »zitt« oder rauh »schrätt-schrätt«. Gesang (von Männchen und Weibchen) zwitschernd und rauh schwätzend, oft vom Wasserrauschen übertönt. Singt auch im Winter.
Lebensraum: Klare, schnellfließende Bäche und Flüsse, auch in Dörfern und an Parkgewässern.
Brut: 2 Bruten (März bis Juli). Geschlossenes Moosnest in Nischen von Felsen und Mauern, zwischen Baumwurzeln oder in speziellen Nistkästen. 4–6 weiße Eier, vom Weibchen bebrütet; Brutdauer 14–16 Tage, Nestlingsdauer rund 20 Tage.
Nahrung: Wasserinsekten und deren Larven, vor allem Köcherfliegen.
Beobachtungstip: Sitzt häufig auf einem Stein im Bach und knickst. Taucht von einem Stein oder aus dem Schwimmen zum Gewässergrund, um nach Nahrung zu suchen, dreht dabei auch Steine um.

Zaunkönig (1). Wasseramsel (2). Junge Wasseramseln (3). Zaunkönig am Nest (kleines Bild links).

1

2

3

Rotkehlchen

Erithacus rubecula
(Drosseln)

Das Rotkehlchen ist einer der häufigsten Kleinvögel in Parks. Teilzieher; auch im Winter im Brutgebiet anzutreffen.

Kennzeichen: Kleiner als Haussperling (14 cm) und mit deutlich längeren Beinen; große, schwarze Augen. Färbung oberseits einheitlich olivbraun, Brustbereich bis zur Stirn gelblichrot. Jungvögel ohne Rot und stark gefleckt.

Verbreitung: Ganz Europa mit Ausnahme des hohen Nordens. Überwintert vorwiegend im Mittelmeerraum, nicht selten auch in Mitteleuropa.

Stimme: Ruft scharf »zick«, bei Gefahr schnell gereiht »zickickick... (»Schnickern«); Luftfeinddruf gedehnt »zieh«. Gesang sehr stimmungsvoll und feierlich, lange Strophen mit hellen, herabperlenden Tönen und Trillern. Singt häufig noch bis in die späte Dämmerung hinein.

Lebensraum: Verschiedenartige, unterholzreiche Wälder, Feldgehölze, Gebüsch, Parks und Gärten mit Baumbestand oder Büschen; auch mitten in Dörfern und Städten. Wie der Zaunkönig häufig in Wassernähe anzutreffen.

Brut: 2 Bruten (April bis Juli). Napfförmiges Nest aus Halmen, Blättern und Moos, meist in bodennahen Verstecken, zwischen Baumwurzeln oder niedrig in Baumhöhlen und Mauerlöchern. 5–7 helle Eier mit variabler, dunkler Fleckung, vom Weibchen bebrütet. Brutdauer 13–15 Tage, Nestlingsdauer 12–15 Tage.

Nahrung: Insekten und deren Larven, Spinnen, Würmer; im Herbst verschiedene Beeren.

Beobachtungstip: Wenig scheu; nicht selten sieht man beim Umgraben im Garten Rotkehlchen, die es auf die dabei zutage geförderten Insekten und Würmer abgesehen haben. Außer beim Singen und bei der Nahrungssuche halten sich Rotkehlchen meist in Büschen oder Bäumen verborgen und lassen sich schwer beobachten. Obwohl sie meist ausgesprochen territorial, einzelgängerisch und unverträglich sind, treffen sie sich im Winter gelegentlich zu Gemeinschaftsschlafplätzen mit bis zu 20 Vögeln. Zu dieser Zeit besuchen die Rotkehlchen auch gerne Fütterungen, in Gärten und Parkanlagen, wenn sie dort Haferflocken in Öl, Talg oder Weichfutter für Insektenfresser vorfinden.

Auch im Winter bleiben viele Rotkehlchen im Brutgebiet, da sie in Gärten und Parks gefüttert werden (1). Die Jungen sperren ihre Schnäbel weit auf und präsentieren dabei ihre gelbe Rachenfärbung (2). Das Jugendkleid ist stark gefleckt (3). Nest mit Gelege (kleines Bild links).

1

2

3

1 Nachtigall

Luscinia megarhynchos
(Drosseln)

Die Nachtigall erkennt man vor allem an ihrem stimmungsvollen und abwechslungsreichen Gesang. Sommervogel; Ende April bis September.

Kennzeichen: Etwas größer als Haussperling (16,5 cm). Gefieder unscheinbar braun, Unterseite heller, ohne Musterung; Schwanz rostbraun. Jungvögel stark gefleckt.

Verbreitung: Europa mit Ausnahme des Nordens und Ostens. Überwintert im tropischen Afrika.

Stimme: Warnruf ansteigend »hüid« und rauh »karr«. Gesang auffallend laut und wohlklingend mit schmetternden und flötenden Motiven und mit ansteigendem »hü hü hü hü...« (»Schluchzen«).

Lebensraum: Dichtes Gebüsch in Laub- und Auwäldern, an Flußufern; gerne in Parks, verwilderten Gärten und Friedhöfen.

Brut: 1 Brut (Mai bis Juni). Gut verstecktes Nest aus altem Laub, Halmen und Haaren – am Boden oder in Bodennähe, oft in Brennnesseln. 4–6 zart rötlich gefleckte Eier, vom Weibchen bebrütet; Brutdauer 13–14 Tage, Nestlingsdauer 11–12 Tage.

Nahrung: Insekten, Spinnen, Schnecken, Würmer, Beeren.

Beobachtungstip: Die Nachtigall singt auch abends und nachts, wenn die meisten anderen Singvögel schweigen.

2 Sprosser

Luscinia luscinia
(Drosseln)

Der Sprosser kommt bei uns nur im östlichen Schleswig-Holstein vor. Sommervogel; Mai bis September.

Kennzeichen: Sehr ähnlich der Nachtigall in Größe (16,5 cm) und Aussehen, Färbung aber weniger rötlichbraun, sondern eher graubraun, der Schwanz ist nur leicht rötlich. Jungvögel sind stark gefleckt.

Verbreitung: Südskandinavien, Finnland, Osteuropa. Überwintert im tropischen Ostafrika.

Stimme: Ruft tiefer als Nachtigall »karr« und hoch »hied«. Gesang langsamer und tiefer, ohne das »Schluchzen« der Nachtigall. Die häufig auftretenden, schnurrenden Motive erinnern an Rohrsänger. Imitationen von Waldschnepfe und Singdrossel wurden mehrmals beschrieben.

Lebensraum: Dichtes Gebüsch in Gewässernähe, auch dicht bewachsene Gärten und Parks.

Brut: 1 Brut (Mai bis Juni). Bodennest aus altem Laub, Halmen und Reisern, oft in einer Senke unter dichtem Gebüsch. 4–6 bräunliche Eier; Brutdauer 13–14 Tage, Nestlingsdauer 10–11 Tage.

Nahrung: Insekten, Spinnen, Schnecken, Würmer, Beeren.

Beobachtungstip: Lebt sehr versteckt, häufig verraten nur Gesang oder Rufe den unscheinbaren Vogel.

Nachtigall (1). Gelege der Nachtigall (2). Sprosser (3)

1

2

3

1 Heckenbraunelle

Prunella modularis
(Braunellen)

Die Heckenbraunelle lebt versteckt in dichtem Pflanzenwuchs. Teilzieher; auch im Winter in Mitteleuropa.

Kennzeichen: Etwas kleiner als Haussperling (14,5 cm); mit schlankem Schnabel. Färbung sehr unauffällig bräunlich, Kopf und Brust blaugrau.

Verbreitung: Fast ganz Europa.

Stimme: Ruft hoch und etwas heiser »zieh« oder »didi«. Gesang anhaltend hell zwitschernd und leicht auf- und absteigend, erinnert an eine quietschende Tür. Singt häufig auf Spitzen von Jungbäumen – bereits ab März.

Lebensraum: Verschiedene unterholzreiche Wälder; gerne in gebüschreichen Gärten und Parks.

Brut: 2 Bruten (April bis Juni). Sauber gefertigtes Moosnest in dichtem Gestrüpp oder Jungfichten. 4–5 türkisfarbene Eier, vom Weibchen brütet; Brutdauer 12–14 Tage, Nestlingsdauer 13–14 Tage.

Nahrung: Insekten, Spinnen, Samen und Beeren.

Beobachtungstip: Hüpft am Boden in geduckter Haltung. Besucht im Winter Futterplätze.

2 Hausrotschwanz

Phoenicurus ochruros
(Drosseln)

Der Hausrotschwanz ist ursprünglich ein Felsbewohner und brütet heute sogar mitten in der Großstadt. Teilzieher; März bis Oktober.

Kennzeichen: Etwas kleiner als Hausperling (14 cm). Stets mit rostrotem Schwanz. Männchen rußschwärzlich mit hellem Flügelfeld. Weibchen dunkel graubraun. Jungvögel bräunlich und leicht gefleckt.

Verbreitung: Europa mit Ausnahme von Island, Schottland, fast ganz Skandinavien und Nordrußland. Überwintert im Mittelmeerraum.

Stimme: Ruft bei Gefahr hart »hied-teck-teck«, in Nestnähe gereiht »teckteckteck...«. Gesang gepreßt und knirschend, am Anfang und Ende jeweils mit einigen Pfeiftönen.

Lebensraum: Brütet an Gebäuden im Bereich von Dörfern, Einzelgehöften und in Städten.

Brut: 2 Bruten (April bis Juli). Nest aus Halmen, Moos, Federn und Haaren, oft unter Dächern, in Mauerlöchern und in künstlichen Halbhöhlen. 4–6 weiße Eier, vom Weibchen brütet; Brutdauer 13–14 Tage, Nestlingsdauer 13–16 Tage.

Nahrung: Vorwiegend Insekten.

Beobachtungstip: Knickst häufig und zittert fast ständig mit dem Schwanz. Singt oft schon vor der Morgendämmerung auf Dächern, Antennen, Kaminen und anderen hohen Warten.

Heckenbraunelle (1). Hausrotschwanz-Weibchen (2). Gerade flügge gewordener junger Hausrotschwanz (3). Hausrotschwanz-Männchen (4). Gelege der Heckenbraunelle (kleines Bild links).

Gartenrotschwanz

Phoenicurus phoenicurus
(Drosseln)

Der Gartenrotschwanz ist einer unserer farbenprächtigsten Vögel, doch leider durch Lebensraumveränderungen und Verluste auf dem Zug vielerorts selten geworden. Sommmervogel; Ende April bis Oktober.

Kennzeichen: Wie Hausrotschwanz langbeinig und mit rostrotem Schwanz (14 cm); Männchen auffällig bunt mit weißem Stirnband, schwarzer Kehle und rostroter Unterseite; im Herbst ist die bunte Zeichnung großenteils durch helle Federsäume verdeckt. Weibchen heller als Hausrotschwanz-Weibchen, überwiegend graubraun, zum Schwanz hin rostrot.

Verbreitung: Europa mit Ausnahme von Island, Irland, Griechenland und Teilen der Iberischen Halbinsel. Überwintert in den Savannengebieten Afrikas südlich der Sahara.

Stimme: Ruft bei Beunruhigung »hüit« (ähnlich Fitis) oder »hüit-teck-teck«. Gesang ist eine kurze, wehmütige Tonreihe, die mit einem hohen, gezogenen Pfeifton beginnt. Imitiert auch andere Vogelstimmen, sogar die des nah verwandten Hausrotschwanzes, dessen Gesangsstrophen gelegentlich mit den arteigenen vermischt werden. Manche Gartenrotschwänze singen sogar komplette Hausrotschwanz-Strophen. Singt bereits vor der Morgendämmerung ausdauernd auf Baumspitzen oder Antennen.

Lebensraum: Lichte Laub- und Mischwälder, gerne in Gärten mit älterem Baumbestand, in Parks, Friedhöfen und Obstgärten; auch in Dörfern und sogar mitten in Städten.

Brut: 2 Bruten (Mai bis Juli). Lockeres Nest aus Halmen, Wurzeln und Moos in Baumhöhlen, Mauerlöchern oder in Meisennistkästen. 5–7 grünblaue Eier, die hauptsächlich vom Weibchen bebrütet werden. Brutdauer 13–14 Tage, Nestlingsdauer 12–14 Tage.

Nahrung: Insekten und deren Larven; seltener Beeren.

Beobachtungstip: Startet zum Insektenfang häufig von niedrigen Zweigen aus und kehrt dann auf die selbe Warte zurück. Mit geeigneten Nistkästen läßt sich der Gartenrotschwanz in den Naturgarten locken. Das Einschlupfloch sollte – wegen der langen Beine des Vogels – möglichst hochoval sein.

Das Gartenrotschwanz-Männchen gehört zu den farbenprächtigsten heimischen Vögeln (1). Im Herbst sind die Farben des Prachtkleides vor allem im Kopf-Brust-Bereich durch helle Federsäume verdeckt (2). Das Weibchen wirkt durch seine schlichte Färbung unscheinbar (3). Bevorzugte Nistplätze sind Baumhöhlen mit hochovalem Schlupfloch (kleines Bild links).

1

2

3

Amsel

Turdus merula
(Drosseln)

Die Amsel ist in Gärten und Parks einer der häufigsten Singvögel; die »Schwarzdrossel« – früher ein reiner Waldvogel – hat sich sehr gut an den menschlichen Siedlungsbereich angepaßt. Teilzieher; bei uns das ganze Jahr über anzutreffen.

Kennzeichen: (25 cm). Männchen mit einheitlich schwarzem Gefieder, gelbem Schnabel und gelbem Lidring. Weibchen überwiegend dunkelbraun, Kehle und Brust sind etwas heller. Nicht selten sind Teilalbinos – Vögel mit weißen Gefiederbereichen. Jungvögel überwiegend rötlichbraun und kräftig gefleckt. Fortbewegung am Boden im Gegensatz zum Star hüpfend.

Verbreitung: Ganz Europa mit Ausnahme Nordskandinaviens und Nordrußlands. Viele Amseln überwintern in West- und Südeuropa.

Stimme: Ruft bei Beunruhigung »tjack« oder »tix-tix«, das bei stärkerer Erregung zu einem gellenden Zetern beschleunigt wird. Bei »Luftalarm« ein gedehntes, hohes »zieh«, Warnung bei einem Bodenfeind weich »djük«. Gesang sehr melodisch und abwechslungsreich mit flötenden und zwitschernden Motiven; die meisten Strophen enden mit einem gepreßten Schlußteil.

Lebensraum: Alle Arten von unterwuchsreichen Wäldern und Gehölzen; sehr häufig in Gärten, Parks und Friedhöfen, selbst in kleinen Grünanlagen mitten in Großstädten.

Brut: 2–3 Bruten (März bis September). Großes, stabiles Nest aus Halmen und Wurzeln, innen mit feuchter Erde ausgestrichen und dann mit weiteren Halmen ausgelegt; häufig werden Plastikteile und anderer Zivilisationsmüll mit eingebaut. Neststand auf Bäumen oder Büschen, in Hecken, an bewachsenen Hauswänden oder auf Balkonen. 3–5 blaugrüne, fein bräunlich gesprenkelte Eier, die überwiegend vom Weibchen bebrütet werden. Brutdauer 13–14 Tage, Nestlingsdauer 13–15 Tage.

Nahrung: Vor allem Regenwürmer; Schnecken, Insekten, Spinnen, Beeren, Obst.

Beobachtungstip: Amseln singen in der Morgendämmerung auf Baumspitzen, Hausdächern oder Antennen – meist ab Februar, in der Großstadt wegen der Straßenbeleuchtung und Leuchtreklame manchmal auch schon ab Dezember. Amseln sind vielfach die häufigsten Besucher von Vogelfütterungen in Gärten und Parks, besonders mitten in der Stadt. Sie sind oft unverträglich und verjagen nicht nur Artgenossen, sondern auch andere Vögel aus dem Futterhaus.

Das Amsel-Männchen ist am schwarzen Gefieder sowie dem gelben Schnabel und Lidring leicht zu erkennen (1). Das dunkelbraun gefärbte Weibchen sammelt für das Nest große Mengen an Halmen (2). Junge Amseln sind kräftig gefleckt (3). Im Nest sind bereits zwei Junge geschlüpft (kleines Bild links).

1

2

3

1 Wacholderdrossel

Turdus pilaris
(Drosseln)

Unsere farbenprächtigste Drossel. Teilzieher; bei uns auch im Winter.

Kennzeichen: Etwas größer als Amsel (25,5 cm). Fällt am Boden durch grauen Kopf, rotbraunen Mantel und schwarzen Schwanz auf; ist im Flug leicht am Kontrast zwischen schwarzem Schwanz, grauem Bürzel und weißen Unterflügeldecken zu erkennen.

Verbreitung: Nord-, Mittel- und Osteuropa; viele Wacholderdrosseln aus nordischen Brutgebieten überwintern in Mittel-, Süd- und Westeuropa.

Stimme: Ruft im Flug häufig schackernd »tschak-tschak-tschak«, bei Gefahr kratzend »trrtrrtrr«. Gesang gepreßt zwitschernd, häufig im Flug.

Lebensraum: Lichte Laub- und Mischwälder; gerne in Parks und Gärten mit altem Baumbestand.

Brut: Meist 2 Bruten (April bis Juni). Brütet in Kolonien auf Bäumen. 4–6 grünlichblaue Eier mit rötlicher Musterung. Nur das Weibchen brütet; Brutdauer 13–14 Tage, Nestlingsdauer 14 Tage.

Nahrung: Würmer, Schnecken, Insekten Beeren, Obst.

Beobachtungstip: Die Wacholderdrossel ist sehr gesellig und tritt besonders im Winterhalbjahr in Schwärmen auf. Nahrungssuche wie Amsel vorwiegend am Boden, im Winterhalbjahr häufig auf Büschen und Bäumen mit Beeren und Früchten.

2 Rotdrossel

Turdus iliacus
(Drosseln)

Die Rotdrossel brütet in Nordeuropa und erscheint bei uns nur im Winterhalbjahr. (Oktober bis April).

Kennzeichen: Deutlich kleiner als Amsel (21 cm). Flanken rostbraun, auffälliger, weißlicher Überaugenstreif; Brust längsgestreift, nicht gefleckt. Im Flug fallen die rostbraunen Unterflügeldecken und die relativ schnellen Flügelschläge auf.

Verbreitung: Island, Nord- und Nordosteuropa. Überwintert in Mittel-, West- und Südeuropa sowie Nordafrika.

Stimme: Ruft etwas heiser, aber hoch und gedehnt »zjieh«. Gesang eine abfallende Reihe von Flötentönen, auf die ein gepreßtes Zwitschern folgt.

Lebensraum: Brütet vorwiegend in nordischen Taigawäldern; bei uns auf Wiesengelände, gerne in Gärten und Parks mit Beerensträuchern.

Brut: 1–2 Bruten (Mai bis Juli). Stabiles Baumnest, in der Tundra auch am Boden. 5–6 fein rötlichbraun gezeichnete Eier. Nur das Weibchen brütet; Brutdauer 10 - 13 Tage, Nestlingsdauer 9 - 13 Tage.

Nahrung: Würmer, Schnecken, Beeren, häufig Weintrauben.

Beobachtungstip: Oft zusammen mit Wacholderdrosseln in gemischten Schwärmen. Die typischen Flugrufe von nächtlich ziehenden Rotdrosseln hört man oft Ende Oktober.

Wacholderdrossel im Winter (1). Nest der Wacholderdrossel mit fast flüggen Jungen (2). Rotdrossel mit den typischen rostbraunen Flanken (3).

1

2

3

1 Singdrossel

Turdus philomelos
(Drosseln)

Die Singdrossel zählt bei uns zu den häufigsten Singvögeln in Parks und großen Gärten. Sommervogel; März bis Oktober.
Kennzeichen: Kleiner als Amsel (23 cm). Am Boden leicht erkennbar an der braunen Oberseite und der rahmfarbenen, dicht gefleckten Unterseite, im Flug an den rostgelblichen Unterflügeldecken.
Verbreitung: Europa außer Island und dem größten Teil der Iberischen Halbinsel. Überwintert in Süd- und Westeuropa sowie in Nordafrika.
Stimme: Ruft im Flug häufig kurz und scharf »zipp«; bei Gefahr ein durchdringendes Zetern: »dickdickdick...«. Gesang aus vielen verschiedenen wohlklingenden Strophen, die 2–4mal wiederholt werden.
Lebensraum: Unterholzreiche Wälder, Gehölze; häufig in Gärten und Parks.
Brut: 2 Bruten (April bis Juli). Napfförmiges, stabiles Nest, innen mit Lehm und Holzmulm ausgeschmiert, häufig in Jungbäumen. 4–6 hellblaue Eier, vom Weibchen bebrütet; Brutdauer 12–14 Tage, Nestlingsdauer 14–16 Tage.

Nahrung: Würmer, Schnecken, Insekten, Beeren, Obst.
Beobachtungstip: Singt vor allem in den Morgen- und Abendstunden. Schlägt auf einem Stein mit dem Schnabel Gehäuseschnecken auf (»Drosselschmiede«).

2 Misteldrossel

Turdus viscivorus
(Drosseln)

Die Misteldrossel ist unsere größte Drossel. Teilzieher; Februar bis November, überwintert auch bei uns.
Kennzeichen: Der Singdrossel ähnlich, aber viel größer (27 cm), Oberseite mehr graubraun, Fleckung gröber.
Verbreitung: Fast ganz Europa außer Island und Teilen Skandinaviens. Überwintert meist in West- und Südeuropa.
Stimme: Ruft im Flug schnarrend »trrr«. Gesang erinnert an den der Amsel, Strophen aber weniger abwechslungsreich, mit größeren Pausen dazwischen und von schwermütigem Klang.
Lebensraum: Lichte Wälder, auch in großen baumbestandenen Gärten und Parks.
Brut: 2 Bruten (März bis Juli). Großes, mit Erde verfestigtes Nest auf Bäumen. 4–6 bläuliche Eier mit rötlichen Flecken, vom Weibchen bebrütet. Brutdauer 14 Tage, Nestlingsdauer 15–16 Tage.
Nahrung: Würmer, Schnecken, Insekten, Beeren.
Beobachtungstip: Singt bei uns bereits ab Februar. Im Winter oft in Baumkronen mit Misteln.

Singdrossel (1). Junge Singdrossel (2). Misteldrossel (3). Gelege der Singdrossel (kleines Bild links).

1

2

3

Gelbspötter

Hippolais icterina
(Zweigsänger)

Der Gelbspötter imitiert so viele andere Vogelstimmen, daß er einen ganzen Vogelchor ersetzt. Auf dieses »Talent« bezieht sich auch sein Name (Spötter). Sommervogel; Mai bis August.

Kennzeichen: Kleiner als Haussperling (13 cm). Typisch sind die schlanke, rohrsängerartige Gestalt, der lange, harte orangefarbene Schnabel und die auffällig gelbe Unterseite. Oberseite olivbraun.

Verbreitung: Mittleres und östliches Europa bis hin zum Balkan, nach Norden bis Mittelskandinavien. Überwintert im tropischen Afrika.

Stimme: Ruft charakteristisch dreisilbig »dederoid« oder »dje-dje-dje-lü«. Warnruf ein schmatzendes »tz tz tz«. Gelbspötter gehören zu unseren eindrucksvollsten und auffallendsten Sängern; sie tragen mit ihrem fröhlich-lebhaften Gesang sehr zur Stimmenvielfalt in den Gärten und Parks bei. In ihrem ausgesprochen lauten Reviergesang folgen auf kurze, obertonreiche, nasal bis quäkend klingende Töne oft lange und reine, auf- und absteigende Pfeiflaute. Häufig zeigen die Kurzlaute einen kennzeichnenden Rhythmus, in den auch Imitationen (z.B. von Schwalben, Meisen, Drosseln, Pirol, Buchfink, Haus- und Feldsperling) geschickt eingeflochten sind. Die angenehm klingenden Pfeiflaute werden häufig wiederholt und dabei in ihrer Tonhöhe moduliert. Sie wechseln meist mit kurzen Stakkato-Lauten ab, was die Kontrastwirkung erhöht und für unsere Ohren sehr angenehm und wohlklingend ist. Ganz typisch für Gelbspöttergesang ist das obertonreiche, vom Bussard imitierte »hiäh«, das individuell variiert und oft mehrfach wiederholt wird.

Lebensraum: Lichte Laub- und Auwälder; häufig in großen, unterholzreichen Gärten und Parks mit Eichen und Hainbuchen.

Brut: 1 Brut (Mai bis Juli). Hübsches Napfnest aus Halmen, Blättern und Baumrinde, 2–4 m hoch, gut verankert in eine Astgabel gebaut. 4–6 rosafarbene Eier mit schwarzer Fleckung, vom Männchen und Weibchen bebrütet; Brutdauer 13–14 Tage, Nestlingsdauer 13–15 Tage.

Nahrung: Insekten und Spinnen, im Spätsommer auch Beeren.

Beobachtungstip: Den Gelbspötter lockt man am besten mit dichten, hohen Büschen in den Garten. Während der Paarungszeit singt der Vogel nahezu den ganzen Tag mit weitaufgesperrtem Schnabel und bewegtem Kopf und hüpft dabei von Zweig zu Zweig.

Gelbspötter (1). Altvogel am Nest mit Jungen, Männchen und Weibchen sind kaum zu unterscheiden (2). Die rosafarbenen Eier im hübsch geflochtenen Nest sind schwarz gefleckt (kleines Bild links).

1

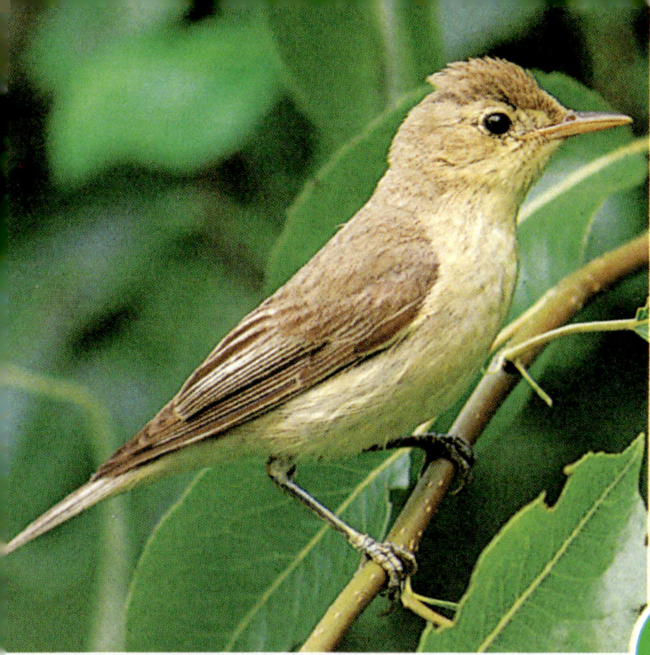

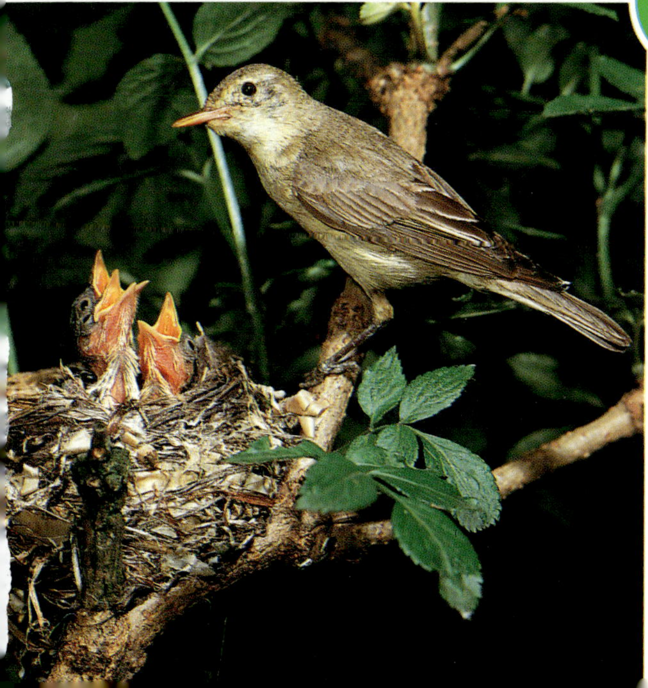

2

1 Teichrohrsänger

Acrocephalus scirpaceus
(Zweigsänger)

Der Teichrohrsänger brütet auch in Schilfstreifen an Parkseen. Sommervogel; Mai bis September.
Kennzeichen: Kleiner als Haussperling (12,5 cm). Gefieder oberseits warm beigefarben, rostfarbener Bürzel, dunkle Beine.
Verbreitung: Europa nordwärts bis Mittelengland, Südskandinavien und Südfinnland. Überwintert im tropischen Afrika.
Stimme: Ruft hart »wäd« oder tief »kresch«. Der rhythmische Gesang besteht aus melodischen und kratzenden Motiven, die jeweils 2–3mal wiederholt werden.
Lebensraum: Schilfbestände an Gewässerufern.
Brut: 1 Brut (Mai bis August). Zwischen senkrechte Schilfhalme geflochtenes, tiefmuldiges Nest – meist 1–1,5 m hoch über dem Wasser gebaut. 4–6 hell grünliche Eier mit bräunlichen Flecken, vom Weibchen bebrütet; Brutdauer 11–12 Tage, Nestlingsdauer 11–12 Tage.
Nahrung: Insekten, Spinnen.
Beobachtungstip: Zur Zugzeit kann man den Teichrohrsänger auch in Büschen fernab von Gewässern antreffen.

2 Gartengrasmücke

Sylvia borin
(Zweigsänger)

Die sehr unauffällige Gartengrasmücke zeigt keine besonderen Gefiedermerkmale. Sommervogel; Mai bis September.
Kennzeichen: Kleiner als Haussperling (14 cm). Gefieder oberseits einheitlich graubräunlich, unterseits etwas heller; rundlicher Kopf, Schnabel und Schwanz sind relativ kurz.
Verbreitung: Europa außer dem äußersten Südwesten und dem hohen Norden. Überwintert in Afrika südlich der Sahara.
Stimme: Ruft häufig »wäd-wäd-wäd«. Gesang laut und melodisch in langanhaltenden, plaudernden Strophen von orgelndem Klangcharakter.
Lebensraum: Dichtes Gebüsch, unterholzreiche Wälder und Parks, verwilderte Gärten.
Brut: 1 Brut (Mai bis Juli). Lockeres Nest aus Halmen und Würzelchen, meist niedrig im dichten Unterwuchs. 4–6 unregelmäßig bräunlich gefleckte Eier, vom Männchen und Weibchen bebrütet; Brutdauer 13–14 Tage, Nestlingsdauer 10–13 Tage.
Nahrung: Insekten, Spinnen, im Herbst viele Beeren.
Beobachtungstip: Ohne Kenntnis von Rufen und Gesang ist die Gartengrasmücke nur schwer zu entdecken, denn sie lebt sehr versteckt im dichten Gebüsch und zeigt sich auch beim Singen meist nicht.

Teichrohrsänger (1). Junge Teichrohrsänger im Nest (2). Gartengrasmücke, Junge fütternd (3). Gelege der Gartengrasmücke (kleines Bild links).

1

2

3

1 Klappergrasmücke
Sylvia curruca
(Zweigsänger)

Die Klappergrasmücke, auch Zaungrasmücke genannt, ist unsere kleinste Grasmücke. Sommervogel; April bis Oktober.
Kennzeichen: Kleiner als Haussperling (13,5 cm). Gefieder oberseits braungrau, Flügel mehr braun; grauer Oberkopf, zum Ohrbereich hin dunkler, Kehle weiß.
Verbreitung: Europa, im Westen bis Frankreich und England, im Norden bis Mittelskandinavien. Überwintert in Afrika südlich der Sahara.
Stimme: Ruft bei Beunruhigung mehrmals »tak« oder »tjäck«. Gesang aus monotonem Klappern, das auf den eilig schwätzenden Vorgesang folgt.
Lebensraum: Gärten, Parks, Friedhöfe, Waldränder, Obstgärten.
Brut: 1 Brut (Mai bis Juli). Wenig stabiles, flaches Nest, häufig in jungen Nadelbäumen. 4–6 mehrfarbig gesprenkelte Eier, vom Männchen und Weibchen bebrütet; Brutdauer 11–12 Tage, Nestlingsdauer 10–11 Tage.
Nahrung: Insekten, Spinnen.
Beobachtungstip: Lebt im Gegensatz zur ähnlichen Dorngrasmücke recht verborgen.

2 Dorngrasmücke
Sylvia communis
(Zweigsänger)

Früher war die Dorngrasmücke in Feld und Flur sehr häufig; heute ist sie bei uns durch Lebensraumveränderung und Verluste auf dem Zug selten geworden. Sommervogel; April bis Oktober.
Kennzeichen: Kleiner als Haussperling (14 cm). Typisch sind die rostbraunen Flügelfedersäume, der weiße Augenring und die hellen Beine. Scheitel beim Männchen grau, beim Weibchen bräunlich.
Verbreitung: Europa außer Island, Nordskandinavien und Nordrußland. Überwintert in Afrika südlich der Sahara.
Stimme: Ruft häufig »woidwoid...« oder »tek«. Gesang aus kurzen, etwas rauh kratzenden und schwätzenden Strophen.
Lebensraum: Lebt in offener Landschaft mit dornigem Gestrüpp und in Hecken mit Dornensträuchern; auch an Straßenböschungen und in verwilderten Gärten und offenen Parks.
Brut: 2 Bruten (Mai bis Juli). Nest aus trockenen Halmen und Wurzeln, meist niedrig in Dornbüschen. 4–5 hellgraue, feingepunktete Eier, vom Männchen und Weibchen bebrütet; Brutdauer 11–14 Tage, Nestlingsdauer 11–13 Tage.
Nahrung: Insekten, Spinnen, im Herbst auch Beeren.
Beobachtungstip: Häufig entdeckt man das Männchen, wenn es von einer Buschspitze zu kurzem Singflug startet.

Singende Männchen von Klappergrasmücke (1) und Dorngrasmücke (2). Gelege der Dorngrasmücke (kleines Foto links).

Mönchsgrasmücke
Sylvia atricapilla (Zweigsänger)

Die Mönchsgrasmücke ist unsere häufigste Grasmücke. Sommervogel; April bis Oktober. Mönchsgrasmücken sind zur Zeit interessante Studienobjekte für die Zugvogelforschung, denn nachdem die mitteleuropäischen Brutvögel über Jahrtausende im Herbst Richtung Südwest fortgezogen sind, läßt sich seit 1959 eine neue Zugrichtung nach Nordwesten beobachten. Viele unserer Mönchsgrasmücken ziehen neuerdings auf die Britischen Inseln. Die Winterbestände im Süden Großbritanniens und in Irland haben entsprechend dem Zuzug vom Festland her deutlich zugenommen. Als Grund für diese Entwicklung nehmen die Forscher eine Anpassung der Vögel an die Winterfütterung in englischen Gärten und Parks an.

Kennzeichen: Kleiner als Haussperling (14 cm). Schlicht gefärbte Grasmücke, Männchen grau mit schwarzer, deutlich abgegrenzter Kopfplatte, Flügel etwas dunkler graubraun, Unterseite grauweiß; Weibchen mehr braun und mit rostbrauner, Jungvögel mit rotbrauner Kopfplatte. Im ersten Herbst erkennt man viele junge Männchen an rotbraunen Resten auf ihrem sonst bereits schwarzen Scheitel.

Verbreitung: Fast ganz Europa außer Island und dem Norden von Fennoskandien. Überwintert in Nordafrika sowie West- und Südeuropa, nördlich bis Südengland.

Stimme: Bei Beunruhigung harte »täck täck täck«-Rufe, die bei stärkerer Erregung zu einem Zetern beschleunigt werden. Der Gesang gehört zu den schönsten einheimischen Vogelstimmen – volltönende, klare Flötentöne, die nach einem schwätzend-zwitschernden Vorgesang plötzlich einsetzen und als »Überschlag« bezeichnet werden.

Lebensraum: Verschiedenartige Wälder mit gut entwickeltem Unterholz, gebüschreiche Parks und Gärten, sogar in Stadtzentren. Häufiger in Gärten anzutreffen als die Gartengrasmücke!

Brut: 2 Bruten (Ende April bis Juli). Lockeres, flaches Nest aus Gras, dünnen Wurzeln und etwas Moos, in niedrigem Gebüsch oder jungen Bäumen, meist unter 1,5 m Höhe; der Nestrand ist so mit den Trägerpflanzen verflochten, daß man das Nest nur schwer herausnehmen kann (nur im Herbst und Winter versuchen!). 4–6 hellbraune, dunkel gefleckte Eier, vom Männchen und Weibchen bebrütet; Brutdauer 10–16 Tage, Nestlingsdauer 10–15 Tage.

Nahrung: Insekten, Spinnen; im Herbst verschiedene Beeren.

Beobachtungstip: Lebt sehr versteckt, meist hört man den Vogel, bevor man ihn sieht.

Das Männchen erkennt man leicht an der schwarzen Kopfplatte (1), Weibchen (rechts) tragen eine rostbraune Kopfplatte. Beide Altvögel füttern gemeinsam die Jungen (2). Junges Männchen beim Baden (3). Gelege (kleines Bild links).

1 Samtkopf-Grasmücke

Sylvia melanocephala
(Zweigsänger)

Die Samtkopf-Grasmücke ist ein typischer Vogel der Mittelmeerländer. Jahresvogel; fehlt in Mitteleuropa
Kennzeichen: Kleiner als Haussperling (13 cm). Eine kräftige Grasmücke mit kurzen Flügeln und rotem Augenring. Männchen mit überwiegend grauem Gefieder und samtschwarzem Kopf, Weibchen mit grauem Kopf.
Verbreitung: Mittelmeerländer von Portugal bis zur Türkei.
Stimme: Ruft bei Gefahr laut »trett-trett-trett-trett«. Gesang aus kurzen, angestrengt klingenden Strophen mit knarrenden, geräuschhaften und flötenden Tönen.
Lebensraum: Mediterrane Buschlandschaft, Macchie und unterwuchsreiche Wälder.
Brut: 2 Bruten (März bis Juli).
Relativ festgefügtes Nest niedrig im Gebüsch. 3–5 zart dunkel gefleckte Eier; Brutdauer 12–14 Tage, Nestlingsdauer 12–13 Tage.
Nahrung: Insekten, Spinnen, Beeren, Früchte.
Beobachtungstip: Häufig wird man durch die rauhen, plötzlich losberstenden Alarmrufe auf die Samtkopf-Grasmücke aufmerksam.

2 Waldlaubsänger

Phylloscopus sibilatrix
(Zweigsänger)

Der Waldlaubsänger ist ein Charaktervogel des hochstämmigen Buchenwaldes. Sommervogel; April bis September.
Kennzeichen: Kleiner als Haussperling (12,5 cm). Leicht erkennbar an der kräftig grünen Oberseite, dem leuchtenden Gelb von Gesicht und Brust und dem Reinweiß der übrigen Unterseite; typisch ist auch der schwefelgelbe Überaugenstreif.
Verbreitung: Europa außer der Iberischen Halbinsel, Island, Irland und Nordskandinavien.
Stimme: Ruft bei Beunruhigung sanft »düh«. Die schwirrenden Gesangsstrophen beginnen mit einigen, sich beschleunigenden »sip«-Lauten; dazwischen häufig ein melancholisches, abfallendes »düh-düh-düh-düh...«.
Lebensraum: Vorwiegend alte Buchenwälder, auch in Mischwald, Parks und großen Gärten mit Buchenbestand.
Brut: 1 Brut (Mai bis Juni).
»Backöfchennest« aus Blättern und Gras nahe am Boden, oft in altem Laub versteckt. 5–7 weißliche Eier mit rötlichen und bräunlichen Flecken, vom Weibchen bebrütet; Brutdauer 13–14 Tage, Nestlingsdauer 11–12 Tage.
Nahrung: Insekten und Spinnen.
Beobachtungstip: Singt auf waagerechten Ästen im unteren Kronenbereich, meist in waagerechter Haltung; fliegt oft singend zu einem anderen Ast.

Männchen der Samtkopf-Grasmücke (1). Waldlaubsänger (2). Gelege der Samtkopf-Grasmücke (kleines Bild links).

1

2

1 Zilpzalp

Phylloscopus collybita
(Zweigsänger)

Der Zilpzalp ist einer der häufigsten Kleinvögel in Gärten und Parks. Sommervogel; März bis November.
Kennzeichen: Kleiner als Haussperling (11 cm). Gefieder braungrünlich, weniger gelb als Fitis; heller Überaugenstreif, dunkle Beine.
Verbreitung: Europa außer Island sowie Teilen Skandinaviens und der Iberischen Halbinsel. Überwintert in Südeuropa und Afrika.
Stimme: Ruft bei Beunruhigung einsilbig »huit«. Sehr kennzeichnende und leicht erkennbare Gesangsstrophen: »zilp-zalp-zelp...«.
Lebensraum: Lichter, unterholzreicher Laub- und Mischwald, Gebüsch; häufig in Gärten und Parks mit nicht zu hohen Bäumen.
Brut: 1–2 Bruten (April bis Juli). Aus trockenen Blättern und Halmen gebautes »Backöfchennest« in dichter bodennaher Vegetation. 5–6 gelblich bis bräunlich gesprenkelte Eier, vom Weibchen bebrütet; Brutdauer 13–15 Tage, Nestlingsdauer 13–14 Tage.
Nahrung: Insekten, Spinnen.
Beobachtungstip: Singt oft in Weiden und Birken.

2 Fitis

Phylloscopus trochilus
(Zweigsänger)

Der Fitis ist an keinen besonderen Waldtyp gebunden und kommt fast überall häufig vor. Sommervogel; April bis Oktober.
Kennzeichen: Kleiner als Haussperling (11,5 cm). Nur schwer vom Zilpzalp zu unterscheiden, wichtigstes Unterscheidungsmerkmal sind neben den Gesangsstrophen die stets hellen Beine. Unterseite und Überaugenstreif, vor allem bei Jungvögeln im Herbst, mit mehr Gelb.
Verbreitung: Europa außer Island und dem gesamten Süden. Überwintert in Afrika südlich der Sahara.
Stimme: Ruft ähnlich dem Zilpzalp, aber deutlich zweisilbig »hu-id«. Gesang aus schwermütigen, abfallenden Flötenstrophen – erinnert an den Buchfink, jedoch viel weicher.
Lebensraum: Lichte Laub- und Mischwälder, Weidengebüsch; häufig in Parks, Friedhöfen und großen Gärten mit Gebüsch, Weiden und Birken.
Brut: 1–2 Bruten (Mai bis Juli). »Backöfchennest« aus Halmen und Moos, innen mit vielen Federn, zwischen hohem Gras versteckt. 4–7 rötlich gesprenkelte Eier, vom Weibchen bebrütet; Brutdauer 13–14 Tage, Nestlingsdauer 13–17 Tage.
Nahrung: Insekten, Spinnen.
Beobachtungstip: Wirkt beim Umherflattern im Gezweig nicht ganz so lebhaft und hektisch wie der Zilpzalp.

Der Zilpzalp hat dunkle Beine (1), der Fitis helle Beine (2). Zilzalpjunge (kleines Bild links).

1 Wintergoldhähnchen

Regulus regulus
(Zweigsänger)

Das Wintergoldhähnchen ist nicht nur der kleinste europäische Vogel, sondern auch einer der kleinsten Vögel überhaupt. Jahresvogel.
Kennzeichen: (9 cm). Typisch ist der breite, leuchtendgelbe, schwarz eingefaßte Scheitelstreif, beim Männchen auch mit einigen orangefarbenen Federn; kein Augen- oder Überaugenstreif.
Verbreitung: Europa außer Island, Nordskandinavien und dem größten Teil der Iberischen Halbinsel.
Stimme: Ruft zart »si-si-si«. Gesang aus sehr hohen, auf- und abschwingenden Strophen mit betontem, etwas tieferem Schlußteil.
Lebensraum: Vor allem im Fichtenwald; häufig in Parks und Friedhöfen mit Nadelbäumen, auch in großen Gärten mit Fichtenbestand.
Brut: 2 Bruten (April bis Juni). Kompaktes, napfförmiges Moosnest in der Astgabel eines Nadelbaumes. 8–10 fein bräunlich gemusterte Eier, vom Weibchen bebrütet; Brutdauer 14–15 Tage, Nestlingsdauer 15–16 Tage.
Nahrung: Winzige Insekten und Spinnen.

Beobachtungstip: Im Winterhalbjahr oft mit Meisen und Baumläufern in gemeinsamen Trupps unterwegs.

2 Sommergoldhähnchen

Regulus ignicapillus
(Zweigsänger)

Das Sommergoldhähnchen ist kaum größer als die Zwillingsart. Sommervogel; März bis Oktober.
Kennzeichen: Sehr klein (9 cm). Vom Wintergoldhähnchen am besten durch den schwarzen Augen- und den hellen Überaugenstreif zu unterscheiden. Männchen mit orangerotem Scheitelstreif.
Verbreitung: Europa außer Island, Skandinavien, fast ganz Großbritannien und Osteuropa.
Stimme: Ruft hoch und scharf »sisisi«. Gesangsstrophen hoch und schnell »sisisisisisitt«.
Lebensraum: Weniger stark an Fichten gebunden als Wintergoldhähnchen, auch in Gärten und Parks mit kleinem Nadelbaumbestand.
Brut: 2 Bruten (Mai bis Juli). Kunstvolles, dickwandiges Napfnest aus Moos und Spinnweben – meist an der Unterseite eines Nadelbaumzweigs. 7–12 Eier, vom Weibchen bebrütet; Brutdauer 14–15 Tage, Nestlingsdauer 15–16 Tage.
Nahrung: Insekten und Spinnen.
Beobachtungstip: Beide Goldhähnchen sind oft erstaunlich zutraulich und kommen sehr nah heran. Das Sommergoldhähnchen rüttelt gelegentlich vor Zweigspitzen; sucht im Vergleich zur Zwillingsart öfters auf der Oberseite von Zweigen Nahrung.

Männchen vom Wintergoldhähnchen (1) und Sommergoldhähnchen (2). Gelege des Sommergoldhähnchens (kleines Bild links).

1

2

1 Trauerschnäpper

Ficedula hypoleuca
(Fliegenschnäpper)

Der Trauerschnäpper ist ein häufiger Wald- und Parkvogel, der aber gebietsweise fehlt. Sommervogel; April bis September.
Kennzeichen: Kleiner als Haussperling (13 cm). Männchen im größten Teil Mitteleuropas wie Weibchen graubraun-weiß, aber (im Frühjahr) mit weißen Stirnflecken; in den Alpen, in Großbritannien und Nordeuropa dagegen kontrastreich schwarz-weiß gefärbt.
Verbreitung: Europa außer Island und dem größten Teil Südeuropas. Überwintert im tropischen Afrika.
Stimme: Ruft häufig »bitt« und bei Gefahr »tzeck«. Gesang aus klaren, auf- und absteigenden, etwas wehmütigen Strophen.
Lebensraum: Verschiedene Arten von hochstämmigen Wäldern; häufig in Parks und Gärten mit Baumbestand.
Brut: 1 Brut (Mai bis Juni). Nest in Baumhöhlen und Nistkästen. 5–7 bräunlichgrüne Eier, vom Weibchen bebrütet; Brutdauer 12–14 Tage, Nestlingsdauer 13–16 Tage.
Nahrung: Fliegende Insekten, im Herbst auch Beeren.

Beobachtungstip: Mit Nistkästen lassen sich Trauerschnäpper relativ leicht im Wald und in Gärten oder Parks ansiedeln.

2 Halsbandschnäpper

Ficedula albicollis
(Fliegenschnäpper)

Der Halsbandschnäpper ist einer unserer auffälligsten Kleinvögel. Sommervogel; April bis September.
Kennzeichen: Kleiner als Haussperling (13 cm). Männchen stets schwarz-weiß, unterscheidet sich vom Trauerschnäpper-Männchen durch den weißen Halsring, mehr Weiß im Flügel und den weißen Bürzel. Weibchen beider Arten sind einander sehr ähnlich.
Verbreitung: Östliche Art, Mittel- und Osteuropa, Italien. Überwintert in Afrika südlich der Sahara.
Stimme: Ruft hoch und gedehnt, saugend »hiib«. Gesang langsamer und mehr gepreßt als beim Trauerschnäpper.
Lebensraum: Laub- und Mischwälder, Parks und große Gärten mit altem Eichenbestand.
Brut: 1 Brut (Mai bis Juni). Nest in Baumhöhlen und Nistkästen. 5–7 bläuliche Eier, vom Weibchen bebrütet; Brutdauer 12–15 Tage, Nestlingsdauer 12–14 Tage.
Nahrung: Fliegende Insekten
Beobachtungstip: Der Halsbandschnäpper brütet gerne in Nistkästen. Jagt oft hoch in Laubbäumen nach Insekten und ist dann ohne Kenntnis der Lautäußerungen nur schwer zu entdecken.

Trauerschnäpper-Männchen (1). Trauerschnäpper-Weibchen (2). Halsbandschnäpper-Weibchen (3). Halsbandschnäpper-Männchen (4). Gelege des Halsbandschnäppers (kleines Bild links).

1

2/3

4

1 Zwergschnäpper
Ficedula parva
(Fliegenschnäpper)

Der Zwergschnäpper sieht wie ein kleines Rotkehlchen aus. Sommervogel; Mai bis September.
Kennzeichen: Kleiner als Trauer- und Halsbandschnäpper (11,5 cm); auffallender weißer Schwanzaußenfleck. Männchen ab dem 3. Lebensjahr mit roter Kehle und Brust, davor unscheinbar wie Weibchen.
Verbreitung: Östliche Art, westwärts bis Südschweden und Westdeutschland; bei uns sehr lückenhaft verbreitet. Überwintert in Indien und Pakistan.
Stimme: Ruft häufig »zit«. Gesang aus silberhellen, abfallenden Strophen, die entfernt an den Fitis erinnern.
Lebensraum: Feuchte, alte Laubwälder, auch in entsprechenden Parks.
Brut: 1 Brut (Mai bis Juni). Brütet in Halbhöhlen und Nischen im Stammbereich. 4–6 weißliche Eier, mit zarten bräunlichen Flecken übersät; vom Weibchen bebrütet; Brutdauer 13–14 Tage, Nestlingsdauer 13–14 Tage.
Nahrung: Fliegende Insekten.
Beobachtungstip: Der Zwergschnäpper ist ohne Kenntnis seiner Lautäußerungen nicht leicht zu entdecken, denn er jagt vorwiegend in Baumkronen nach Insekten.

2 Grauschnäpper
Muscicapa striata
(Fliegenschnäpper)

Der Grauschnäpper ist vielerorts unser häufigster Fliegenschnäpper. Sommervogel; April bis September.
Kennzeichen: Kleiner als Haussperling (14 cm). Gefieder unscheinbar graubraun, Unterseite etwas heller; Scheitel und Brust fein gestrichelt. Jungvögel oberseits mit hellen Tupfen, unterseits dunkel gemustert.
Verbreitung: Europa außer Island. Überwintert im südlichen Afrika.
Stimme: Ruft häufig »pst«, »zek« oder »zi-tek-tek«. Gesang unauffällig, aus abgehackten, zirpenden Lauten.
Lebensraum: Waldränder, Parks, Gärten mit älterem Baumbestand.
Brut: 1–2 Bruten (Mai bis Juli). Locker gebautes Nest aus Moos, Haaren und Federn in Halbhöhlen an Bäumen, Mauern, in Balkonnischen oder Halbhöhlen-Nistkästen. 5–7 hellgrünliche, bräunlich gefleckte Eier, vom Weibchen bebrütet; Brutdauer 12–15 Tage, Nestlingsdauer 12–14 Tage.
Nahrung: Fliegende Insekten.
Beobachtungstip: Sitzt häufig in aufrechter Haltung auf einer Sitzwarte und fängt vorbeifliegende Insekten; kehrt dann meist zu seiner Sitzwarte zurück.

Zwergschnäpper-Männchen (1). Adultes Zwergschnäpper-Männchen an der Höhle, in der bereits ein jüngeres Männchen sitzt (2). Grauschnäpper (3). Junge Grauschnäpper (4). Gelege des Grauschnäppers (kleines Bild links).

1

2/3

4

1 Sumpfmeise

Parus palustris
(Meisen)

Die Sumpfmeise ist in Parks und Gärten mit Laubbäumen nicht selten. Jahresvogel.

Kennzeichen: Kleiner als Kohlmeise (11,5 cm). Unscheinbar graubraun mit (bei Altvögeln) glänzendschwarzer Kopfplatte.

Verbreitung: Europa außer Island, Irland, dem größten Teil Nordeuropas und der Iberischen Halbinsel.

Stimme: Ruft häufig »explosiv« »pistja-dä-dä-dä«. Gesangsstrophen aus eintönigen Reihen wie »tjip-tjip-tjip-tjip-tjip« oder »zjezjezjezjezjezjezje«.

Lebensraum: Häufig in Laub- und Mischwäldern, in Parks und Gärten; weniger in Sumpfgebieten.

Brut: 1 Brut (April bis Mai). Nest aus Moos, Haaren und Federn in Baumhöhlen und Nistkästen. 7–9 rötlich getupfte Eier, vom Weibchen bebrütet; Brutdauer 13–17 Tage, Nestlingsdauer 16–21 Tage.

Nahrung: Insekten, Spinnen, Samen von Kräutern, Disteln.

Beobachtungstip: Sumpfmeisen sammeln im Herbst oft Samen und verstecken sie als Wintervorrat in Rindenspalten oder an Zweigen. Sie treten dann vorwiegend paarweise auf und besuchen häufig Futterhäuser, wo sie Samen um Samen forttragen.

2 Weidenmeise

Parus montanus
(Meisen)

Sumpf- und Weidenmeise werden als »Graumeisen« bezeichnet. Jahresvogel.

Kennzeichen: Sehr ähnlich der Sumpfmeise (11,5 cm); von dieser durch größeren Kopf, mattschwarze (nicht glänzende) Kopfplatte und (im Winter und Frühjahr) helles Flügelfeld zu unterscheiden.

Verbreitung: Europa außer Island, Irland, der Iberischen und der Apennin-Halbinsel.

Stimme: Ruft häufig nasal, gedehnt »zi-zi-dä-dä-dä«. Gesangsstrophen aus hellen Pfeiftönen: »zjü-zjü-zjü...«.

Lebensraum: Eher in feuchteren Wäldern als Sumpfmeise und weniger häufig in Gärten und Parks; Auwälder, bewaldete Gewässerufer, Bergwald.

Brut: 1–2 Bruten (Mai bis Juni). Nest aus Moos, Haaren und kleinen Holzstückchen, häufig in selbstgezimmerter Baumhöhle; auch in Spechthöhlen und Nistkästen. 6–9 weiße, mit feinen rötlichen Punkten übersäte Eier, vom Weibchen bebrütet; Brutdauer 13–15 Tage, Nestlingsdauer 17–19 Tage.

Nahrung: Insekten, Spinnen, kleine Samen.

Beobachtungstip: Die Weidenmeise ist bei uns nicht so häufig wie die Sumpfmeise.

Die Sumpfmeise (1) trägt eine glänzende Kopfplatte, die Weidenmeise (2) eine matt schwarze.

1

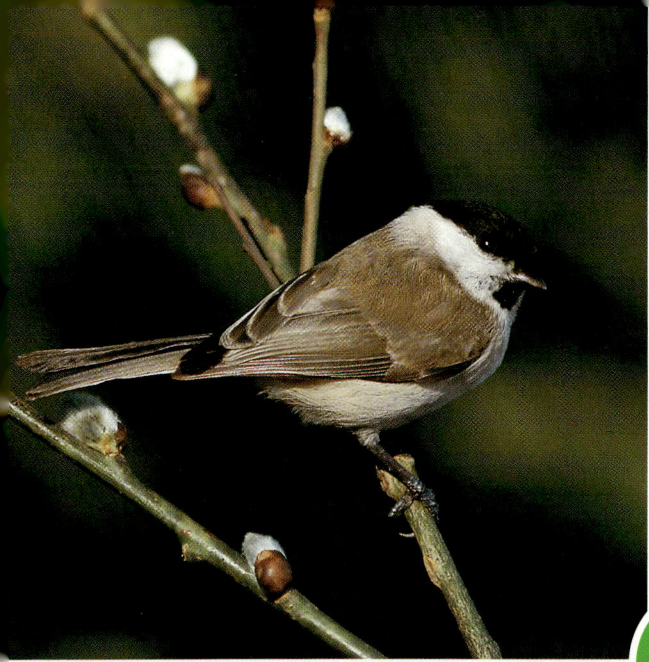

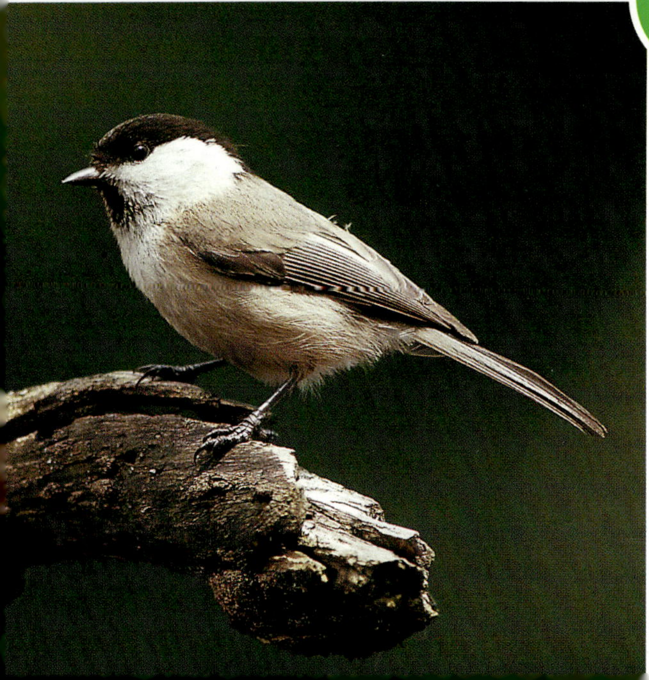

2

1 Blaumeise

Parus caeruleus
(Meisen)

Die Blaumeise ist nach der Kohlmeise unsere häufigste Meisenart. Jahresvogel.

Kennzeichen: Kleiner als Kohlmeise (11,5 cm). Durch ihr blaugelbes Gefieder kaum mit einer anderen Art zu verwechseln. Jungvögel blaugrün-gelblich gefärbt.

Verbreitung: Europa außer dem nördlichen Nordeuropa.

Stimme: Ruft häufig »tsi-tsi-tsi«, bei Beunruhigung »zerretetet«. Gesangsstrophen hell und klar: »tsi-tsi-sirrrr«.

Lebensraum: Laub- und Mischwald mit Eichen; Gärten, Parks.

Brut: 1–2 Bruten (April bis Anfang Juli). Filziges Nest aus Moos, Wolle, Haaren und Federn in Baumhöhlen, Nistkästen, Mauerlöchern oder sogar Briefkästen. 7–10 weiße Eier mit rötlichen Tupfen, vom Weibchen bebrütet; Brutdauer 13–15 Tage, Nestlingsdauer 16–18 Tage.

Nahrung: Insekten, Spinnen, Samen, Nüsse, Talg.

Beobachtungstip: Turnt sehr geschickt an dünnen Ästen, häufig mit dem Bauch nach oben. Läßt sich mühelos mit Nistkästen in den Garten locken.

2 Haubenmeise

Parus cristatus
(Meisen)

Die Haubenmeise ist streng an Nadelwald gebunden, den sie kaum verläßt. Jahrsvogel.

Kennzeichen: Kleiner als Kohlmeise (11,5 cm). Typisch sind die spitze Federhaube und die fahl graubraune Oberseite.

Verbreitung: Große Teile Europas, fehlt in Island, Nordskandinavien, England und Italien.

Stimme: Ruft häufig schnurrend »zi-zi-gürrr«. Gesang selten zu hören – eine Folge aus rufähnlichen, klirrenden und gurrenden Lauten.

Lebensraum: Nadel- und Mischwälder, auch in Parks und großen Gärten mit Kiefern- oder Fichtenbestand.

Brut: 1–2 Bruten (April bis Juni). Nest aus Tier- und Pflanzenwolle, Spinnenweben meist in selbstgezimmerter, oft enger Baumhöhle, auch in Spechthöhlen und (seltener) Nistkästen. 5–8 rötlich gefleckte Eier, vom Weibchen bebrütet; Brutdauer 14–16 Tage, Nestlingsdauer 18–20 Tage.

Nahrung: Insekten, Spinnen, Samen, Nüsse.

Beobachtungstip: Wegen ihrer versteckten Lebensweise – sie turnt hoch in Nadelbäumen – entdeckt man die Haubenmeise oft erst durch ihre charakteristischen Rufe. Im Winter besuchen Haubenmeisen oft paarweise Futterplätze in Waldnähe.

Blaumeise am Meisenknödel (1). Blaumeise füttert Junge im Nistkasten (2). Junge Blaumeise bettelt um Futter (3). Haubenmeise (4). Gelege der Haubenmeise (kleines Bild links).

Kohlmeise
Parus major
(Meisen)

Die Kohlmeise ist unsere größte und mit Abstand häufigste Meise in Wäldern, Gärten und Parks. Jahresvogel.

Kennzeichen: Etwas kleiner als Haussperling, kräftig gebaut (14 cm). Kopf schwarz-weiß, Unterseite überwiegend gelb, Männchen mit breitem, kräftig schwarzem Längsband auf Brust und Bauch, Weibchen mit schmalerem, weniger kräftig gefärbtem Band. Jungvögel mit kleinerem Kehllatz und gelblichen Wangen, die nach unten nicht schwarz begrenzt sind.

Verbreitung: Europa außer Island und dem hohen Norden.

Stimme: Ruft bei Beunruhigung schnarrend »tscher-r-r-r«, ähnlich Buchfink »pink« oder »pink-dädädä«, »zituit« oder »zizizi«; imitiert häufig die Rufe anderer Meisen, beispielsweise der Sumpfmeise. Gesang aus meist 2–3 Silben, die ständig wiederholt werden: »zi-zi-be zi-zi-be...« oder »zipä zipä...«. Singt auch häufig im Winter bei sonnigem Wetter.

Lebensraum: In fast jeder Landschaft mit Bäumen, außer in reinen Nadelwäldern. Häufig in Laub- und Mischwäldern; in Gärten, Friedhöfen und Parks, auch mitten in der Stadt, meist zahlreich und in der Regel die häufigste Vogelart.

Brut: 2 Bruten (April bis Juli). Nistet in Baumhöhlen, Nistkästen, Mauerlöchern, gelegentlich auch in Briefkästen oder Rohren. Nest aus Moos, Halmen, Wurzeln und Wolle, mit Tier- und Pflanzenwolle ausgepolstert. 8–12 weißliche Eier mit rötlicher Sprenkelung, vom Weibchen bebrütet; Brutdauer 12–14 Tage, Nestlingsdauer 15–20 Tage.

Nahrung: Am vielseitigsten von allen Meisen: Insekten, Spinnen, Nüsse, Talg, Sonnenblumenkerne und andere Samen.

Beobachtungstip: Kohlmeisen sind wenig scheu und erscheinen meist als häufigster Gast an der winterlichen Vogelfütterung; durch ihr energisches Auftreten können sie andere Kleinvögel vom Futterplatz vertreiben. In den Garten lockt man Kohlmeisen am besten mit handelsüblichen oder selbst hergestellten Nistkästen mit einem Fluglochdurchmesser von 32 mm.

In vielen Parks und Friedhöfen sind die Kohlmeisen inzwischen futterzahm und nehmen den Besuchern angebotene Leckerbissen wie Nüsse und Sonnenblumenkerne von der Hand. Die übliche Winterfütterung ist für die Vögel jedoch nur eine Zusatzkost und vermag Engpässe im natürlichen Nahrungsangebot kaum auszugleichen.

Die Kohlmeise zählt zu den häufigsten Gästen im Garten (1). Junge Kohlmeisen im Nistkasten (2). Jungvögel erkennt man auch an den gelblichen Wangen (3). Gelege (kleines Bild links).

Kohlmeise

Parus major
(Meisen)

Die Kohlmeise ist unsere größte und mit Abstand häufigste Meise in Wäldern, Gärten und Parks. Jahresvogel.

Kennzeichen: Etwas kleiner als Haussperling, kräftig gebaut (14 cm). Kopf schwarz-weiß, Unterseite überwiegend gelb, Männchen mit breitem, kräftig schwarzem Längsband auf Brust und Bauch, Weibchen mit schmalerem, weniger kräftig gefärbtem Band. Jungvögel mit kleinerem Kehllatz und gelblichen Wangen, die nach unten nicht schwarz begrenzt sind.

Verbreitung: Europa außer Island und dem hohen Norden.

Stimme: Ruft bei Beunruhigung schnarrend »tscher-r-r-r«, ähnlich Buchfink »pink« oder »pink-dädädä«, »zituit« oder »zizizi«; imitiert häufig die Rufe anderer Meisen, beispielsweise der Sumpfmeise. Gesang aus meist 2–3 Silben, die ständig wiederholt werden: »zi-zi-be zi-zi-be...« oder »zipä zipä...«. Singt auch häufig im Winter bei sonnigem Wetter.

Lebensraum: In fast jeder Landschaft mit Bäumen, außer in reinen Nadelwäldern. Häufig in Laub- und Mischwäldern; in Gärten, Friedhöfen und Parks, auch mitten in der Stadt, meist zahlreich und in der Regel die häufigste Vogelart.

Brut: 2 Bruten (April bis Juli). Nistet in Baumhöhlen, Nistkästen, Mauerlöchern, gelegentlich auch in Briefkästen oder Rohren. Nest aus Moos, Halmen, Wurzeln und Wolle, mit Tier- und Pflanzenwolle ausgepolstert. 8–12 weißliche Eier mit rötlicher Sprenkelung, vom Weibchen bebrütet; Brutdauer 12–14 Tage, Nestlingsdauer 15–20 Tage.

Nahrung: Am vielseitigsten von allen Meisen: Insekten, Spinnen, Nüsse, Talg, Sonnenblumenkerne und andere Samen.

Beobachtungstip: Kohlmeisen sind wenig scheu und erscheinen meist als häufigster Gast an der winterlichen Vogelfütterung; durch ihr energisches Auftreten können sie andere Kleinvögel vom Futterplatz vertreiben. In den Garten lockt man Kohlmeisen am besten mit handelsüblichen oder selbst hergestellten Nistkästen mit einem Fluglochdurchmesser von 32 mm.

In vielen Parks und Friedhöfen sind die Kohlmeisen inzwischen futterzahm und nehmen den Besuchern angebotene Leckerbissen wie Nüsse und Sonnenblumenkerne von der Hand. Die übliche Winterfütterung ist für die Vögel jedoch nur eine Zusatzkost und vermag Engpässe im natürlichen Nahrungsangebot kaum auszugleichen.

Die Kohlmeise zählt zu den häufigsten Gästen im Garten (1). Junge Kohlmeisen im Nistkasten (2). Jungvögel erkennt man auch an den gelblichen Wangen (3). Gelege (kleines Bild links).

1

2/3

4

1 Tannenmeise

Parus ater
(Meisen)

Die Tannenmeise ist unsere kleinste Meise. Jahresvogel.

Kennzeichen: (11 cm). Sieht wie eine kleine, unscheinbare Ausgabe der Kohlmeise aus; wirkt großköpfig. Typisch ist der weißliche, längliche Nackenfleck sowie der auffallend helle Wangenbereich. Bei Jungvögeln sind Wangen und Nackenfleck gelblich.

Verbreitung: Europa außer Island und dem Norden Skandinaviens.

Stimme: Ruft häufig hoch und zart »si«, »si-si« oder »psit«. Der Gesang, ein helles »zewizewizewi...« oder »sitüsitüsitü..«, ist fast das ganze Jahr über zu hören

Lebensraum: Stark an Nadelwald angepaßt, nicht selten auch in Laubwald mit Nadelbaumbestand sowie in entsprechenden Parks, Friedhöfen und großen Gärten.

Brut: 2 Bruten (April bis Juni). Filziges Nest aus Moos, Tier- und Pflanzenwolle sowie Spinnweben in Baumhöhlen, Erd- und Mauerlöchern. 7–11 weißliche, zart rötlich gesprenkelte Eier, vom Weibchen bebrütet; Brutdauer 14–17 Tage, Nestlingsdauer 18–20 Tage.

Nahrung: Insekten, Spinnen, Nadelbaumsamen, Nüsse, Talg.

Beobachtungstip: Läßt sich mit nicht zu tief gehängten Nistkästen (Fluglochweite 26–28 mm) in Gärten am Waldrand locken.

2 Schwanzmeise

Aegithalos caudatus
(Schwanzmeisen)

Die Schwanzmeise ist mit ihrem »überlangen« Schwanz kaum mit einem anderen Kleinvogel zu verwechseln. Jahresvogel.

Kennzeichen: Sehr kleiner Körper mit langem, stufigen Schwanz (12–14 cm). Mitteleuropäische Form mit breitem, dunklen Scheitelstreif bis zum Nacken, nordöstliche Form mit reinweißem Kopf. Jungvögel mit dunkleren Kopfseiten.

Verbreitung: Europa außer Island und Nordskandinavien.

Stimme: Ruft dünn »tsisisi« und schnurrend »tserrr«.

Lebensraum: Unterholzreiche Wälder, oft in Gewässernähe. Nicht selten in gebüschreichen Gärten und Parks.

Brut: 1 Brut (Ende März bis Juni). Sehr kunstvolles Kugelnest mit seitlichem Schlupfloch aus Moos, Flechten, Gespinsten, Pflanzen- und Tierwolle, manchmal auch mit Fetzen von Papiertaschentüchern und ähnlichem. 8–12 weißliche Eier, vom Weibchen bebrütet; Brutdauer 13–14 Tage, Nestlingsdauer 18–19 Tage.

Nahrung: Insekten, Spinnen.

Beobachtungstip: Zieht außerhalb der Brutzeit in kleinen Trupps umher, zu dieser Zeit schlafen die Vögel in engem Körperkontakt, um Wärmeverluste zu reduzieren.

Tannenmeise (1). Mitteleuropäische Form der Schwanzmeise (2) und nordöstliche Form (3). Nest der Schwanzmeise (4).

Kleiber

Sitta europaea
(Kleiber)

Der Kleiber ist einer der häufigsten und vertrautesten Vögel in Parks und Gärten. Jahresvogel.

Kennzeichen: Etwas kleiner als Haussperling (14 cm). Gedrungen und kräftig, mit starkem Schnabel und kurzem Schwanz. Oberseite blaugrau, Unterseite hellrostbraun; beim Männchen ist der hintere Flankenbereich kräftig kastanienbraun gefärbt.

Verbreitung: Fast ganz Europa; fehlt in Island, Irland und Nordskandinavien.

Stimme: Hat eine Vielzahl von Rufen; häufig schallend »twit twit twit« oder »tsirrr«. Gesang laut und durchdringend »wiwiwiwi...« oder »tüi-tüi-tüi-tüi...«; die meisten Strophen lassen sich ohne Schwierigkeiten nachpfeifen.

Lebensraum: Laub- und Mischwälder (vor allem mit Eichen); häufig in Parks und Gärten mit älterem Baumbestand.

Brut: 1 Brut (April bis Juni). Nest aus Rindenstückchen, meist von Kiefern, und trockenen Blättern – in Spechthöhlen und Nistkästen; um größere Nistkonkurrenten auszuschalten, verkleinert der Kleiber das Einschlupfloch mit feuchtem Lehm auf die eigene Paßgröße. 6–8 weiße, rötlichbraun gefleckte Eier, vom Weibchen bebrütet; Brutdauer 13–16 Tage, Nestlingsdauer 22–25 Tage.

Nahrung: Insekten, Spinnen, Samen, Nüsse, Talg.

Beobachtungstip: Der Kleiber kann wie kein anderer einheimischer Vogel mit dem Kopf nach unten an Baumstämmen und Ästen klettern. Mit seinem sehr kräftigen Schnabel bearbeitet er oft gefundene Nüsse und macht dabei so laute Geräusche, daß man eher einen Specht dahinter vermutet als einen Kleinvogel. Der Kleiber bezieht gerne Meisennistkästen, wobei er nicht nur das Einschlupfloch mit Lehm vermauert, sondern auch die Ritzen an der Vorderseite, so daß sich der Deckel oft nicht mehr öffnen läßt. Am winterlichen Futterplatz, an dem er in der Regel paarweise erscheint, dominiert er über die meisten anderen Kleinvögel. Kleiber sind so kräftig, daß sie sämtliche Meisenarten aus deren Bruthöhlen verdrängen können, auch wenn die Vorbesitzer bereits ihr Gelege bebrüten. Die Eindringlinge werfen die Meiseneier jedoch nicht hinaus, sondern bauen ihr Nest über die Meisenbrut; so kann es gelegentlich vorkommen, daß ein Kleiberpaar neben den eigenen Jungen auch mehrere junge Meisen aufzieht.

Der Kleiber ist einer unserer häufigsten Vögel in Parks und Gärten mit alten Bäumen (1). Er ist der einzige heimische Vogel der mit dem Kopf nach unten an Baumstämmen klettern kann (2). Das Nest enthält vorwiegend Rindenstücke von Kiefern; das Gelege besteht aus 4–8 rötlichbraun gefleckten Eiern (kleines Bild links).

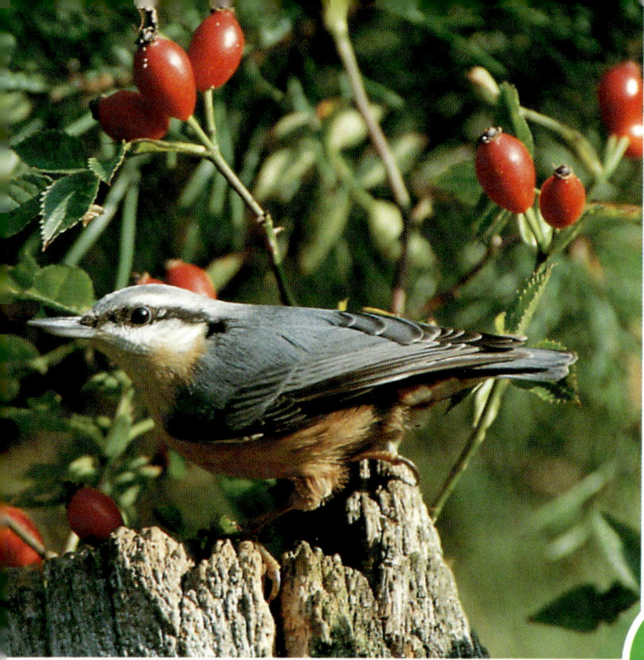
1

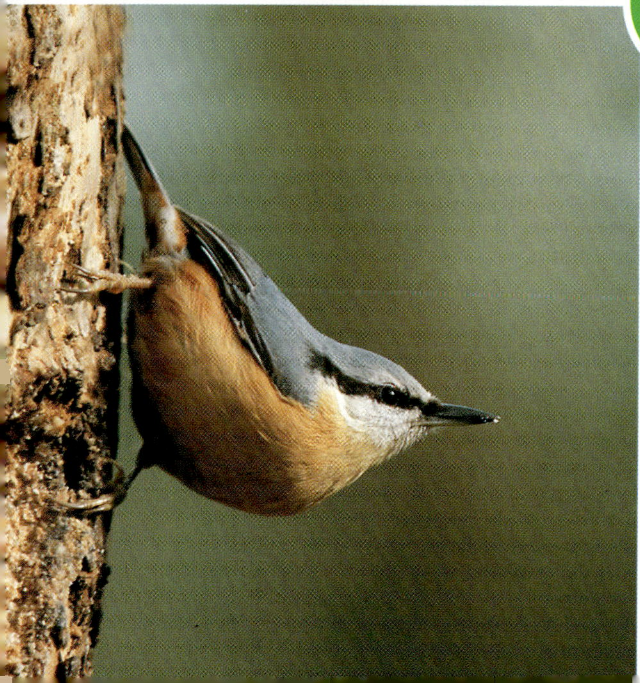
2

1 Gartenbaumläufer

Certhia brachydactyla
(Baumläufer)

Der Gartenbaumläufer stochert mit seinem langen, gebogenen Schnabel in der rissigen Rinde von Laubbäumen nach Insekten und deren Larven. Jahresvogel.
Kennzeichen: Kleiner als Haussperling (12,5 cm). Gefieder oberseits rindenfarben, unterseits hell mit bräunlichem Flankenbereich.
Verbreitung: Europa außer Island, Nord- und Osteuropa sowie den Britischen Inseln.
Stimme: Ruft hoch und laut »tüt tüt tüt« oder »sri«. Gesangsstrophen ansteigend aus hohen, dünnen Pfeiftönen.
Lebensraum: Vorwiegend Laub- und Mischwälder; nicht selten in Parks und Gärten mit älterem Laubbaumbestand.
Brut: 1–2 Bruten (April bis Juni). Reisignest mit Halmen verstärkt, hinter abstehender Baumrinde oder in Nistkästen. 4–7 rot und braun gefleckte Eier, vom Weibchen bebrütet; Brutdauer 14–15 Tage, Nestlingsdauer 17–18 Tage.
Nahrung: Insekten und deren Larven, Spinnen, kleine Samen.
Beobachtungstip: Der Gartenbaumläufer läßt sich mit speziellen Nistkästen in Gärten locken.

2 Waldbaumläufer

Certhia familiaris
(Baumläufer)

Der Waldbaumläufer läßt sich vom Gartenbaumläufer nur schwer anhand von Gefiedermerkmalen unterscheiden. Jahresvogel.
Kennzeichen: Wie Gartenbaumläufer (12,5 cm), aber mit etwas kürzerem Schnabel, längerer Kralle der Hinterzehe und einheitlich weißer Unterseite.
Verbreitung: Europa außer Island, Nordskandinavien, großen Teilen Frankreichs und der Iberischen Halbinsel.
Stimme: Ruft hoch, vibrierend »srii« oder »sit«. Gesangsstrophen länger als bei der Zwillingsart, bestehen aus zwei abfallenden Trillern, die beide sehr hoch beginnen.
Lebensraum: Nadel- und Mischwald; auch in Parks und Gärten mit Nadelbäumen.
Brut: 1–2 Bruten (April bis Juli). Reisignest in Rindenspalten und speziellen Nistkästen. 4–8 Eier, bräunlich und rot gepunktet und gesprenkelt, vom Weibchen bebrütet; Brutdauer 13–15 Tage, Nestlingsdauer 17–18 Tage.
Nahrung: Insekten und deren Larven, Spinnen, kleine Samen.
Beobachtungstip: Bei der Nahrungssuche klettern Baumläufer in kleinen Sprüngen die Bäume hoch. Der Waldbaumläufer streift wie die Zwillingsart außerhalb der Brutzeit mit Meisen und Goldhähnchen umher.

Gartenbaumläufer (1). Waldbaumläufer (2).
Gelege des Waldbaumläufers (kleines Bild links).

1

2

1 Neuntöter

Lanius collurio
(Würger)

Der Neuntöter spießt mit seinem Hakenschnabel bei großem Nahrungsangebot Beutetiere als Vorrat auf Dornen und Stacheldraht. Sommervogel; Mai bis September.
Kennzeichen: Größer als Haussperling (17 cm). Männchen mit rotbraunem Rücken, aschgrauem Oberkopf und schwarzer Augenmaske unverkennbar. Weibchen schlicht gefärbt mit quergewellter Unterseite. Jungvögel oberseits mit Schuppenmuster.
Verbreitung: Große Teile Europas; fehlt in Teilen Nord- und Westeuropas.
Stimme: Ruft häufig »dschä« oder »trrt-trrt«. Gesang gepreßt zwitschernd mit vielen Imitationen.
Lebensraum: Moor- und Heidegebiete mit Büschen, Feldflur mit breiten, dornigen Hecken; auch in dornbuschreichen Parks.
Brut: 1 Brut (Mai bis Juli). Nest aus Halmen, Moos, Würzelchen und Haaren. 4–6 variabel gefärbte Eier mit dunklerer Fleckung am stumpfen Pol, vom Weibchen bebrütet; Brutdauer 14–16 Tage, Nestlingsdauer 13–16 Tage.
Nahrung: Große Insekten, Eidechsen, kleine Säuger, Jungvögel.

Beobachtungstip: Sitzt häufig in aufrechter Haltung auf der Spitze von Büschen oder Jungbäumen und späht nach Beute.

2 Rotkopfwürger

Lanius senator
(Würger)

Der Rotkopfwürger lebt bei uns nur in warmen Gegenden. Sommervogel; April bis September.
Kennzeichen: Größer als Haussperling (17 cm). Unverkennbar durch das Rot von Scheitel und Nacken und das Weiß von Schulterbereich und Bürzel. Weibchen mit mehr Weiß im Gesicht.
Verbreitung: Iberische Halbinsel, Frankreich und Mittelmeerländer, Polen; lokal im südlichen Mitteleuropa.
Stimme: Ruft bei Gefahr ratternd »dschä-dschä«. Gesang plaudernd und schwätzend mit Imitationen anderer Vögel.
Lebensraum: Offene Landschaft mit Büschen und Gehölzen; Gärten und Obstgärten, Streuobstflächen, Plantagen.
Brut: 1 Brut (Mai bis Juli). Festes, halbkugelförmiges Nest aus Halmen und frischen krautigen Pflanzen – vorwiegend in Obstbäumen 2–6 m hoch. 5–6 grünlich bis bräunlich gefärbte Eier mit variabler Fleckung, vom Weibchen bebrütet; Brutdauer 14–16 Tage, Nestlingsdauer 15–18 Tage.
Nahrung: Große Insekten wie Käfer, Hummeln, Bienen.
Beobachtungstip: Der Rotkopfwürger sitzt wie der Neuntöter oft auf Buschspitzen.

Neuntöter-Männchen (1). Neuntöter-Weibchen (2). Neuntöter-Jungvogel (3). Rotkopfwürger Männchen (4). Gelege des Neuntöters (kleines Bild links).

1

2/3

4

Star

Sturnus vulgaris

Der Star ist in Gärten und Parks einer der bekanntesten und häufigsten Brutvögel. Teilzieher; Februar bis November.

Kennzeichen: Kleiner und kurzschwänziger als Amsel (21 cm). Männchen im Frühjahr durch geringe helle Fleckung, kräftigen violetten und grünen Gefiederglanz und hellblaue Basis des Unterschnabels gekennzeichnet. Weibchen mit weniger Gefiederglanz, stärkerer heller Fleckung, hellem Irisring und weißlicher Unterschnabelbasis. Im Winterhalbjahr sind die Stare mit hellen Tupfen übersät (»Perlstar«), die zum Frühjahr hin durch Abnutzung der Federspitzen verschwinden, der Schnabel ist dann dunkel. Jungvögel unscheinbar graubraun.

Verbreitung: Europa außer der Iberischen Halbinsel, wo der Star nur als Wintergast auftritt; weitere Überwinterungsgebiete liegen in anderen Mittelmeerländern.

Stimme: Ruft durchdringend »schrien«, warnt bei Beunruhigung hart »spett spett« oder »rräh«. Der Gesang ist sehr abwechslungsreich und besteht aus pfeifenden, schnalzenden und schnurrenden Lauten mit zahlreichen Imitationen anderer Vogelstimmen und der verschiedensten Geräusche.

Lebensraum: Laub- und Mischwälder, Auwald; häufig in Parks und Gärten mit alten Bäumen oder entsprechendem Nistkastenangebot.

Brut: 1–2 Bruten (April bis Juli). »Schlampiges« Nest aus Halmen, Stengeln und Blättern in Baumhöhlen, Mauerlöchern oder Nistkästen. 4–7 grünliche bis hellblaue Eier, vom Männchen und Weibchen bebrütet; Brutdauer 12–14 Tage, Nestlingsdauer 18–22 Tage.

Nahrung: Insekten, Würmer, Schnecken, Beeren, Obst.

Beobachtungstip: Den Star erkennt man am Boden bereits von weitem an seinem wackelnden Trippelgang – ganz anders als die Amsel, die am Boden hüpft. Er läßt sich leicht in den Garten locken, indem man ihm Nistkästen mit etwa 50 mm Fluglochweite anbietet. Außerhalb der Brutzeit schließen sich Stare zu oft riesigen Schwärmen zusammen und plündern Weinberge und Obstgärten auf der Suche nach süßen Früchten. Die Vögel sind sehr erfinderisch, wenn es um die Erschließung ergiebiger Nahrungsquellen geht. Häufig finden sie sich auf landwirtschaftlichen Flächen ein, wenn dort der Boden bearbeitet oder Gras gemäht wird, denn das verspricht reiche Beute. Selbst den Rücken von Weidetieren und Hirschen nutzen Stare als mobilen Ansitz.

Beim Singen rudert der Star kräftig mit den Flügeln (1). Männchen im voll ausgefärbten Prachtkleid (2). Jungvögel sind unscheinbar graubraun gefiedert (3). Das Gelege enthält 4–7 kräftig bläulich gefärbte Eier (kleines Bild links).

1 Einfarbstar

Sturnus unicolor
(Stare)

Auf der Iberischen Halbinsel wird unser Star durch den Einfarbstar ersetzt. Kommt nicht in Mitteleuropa vor. Jahresvogel.

Kennzeichen: Größe wie Star (21 cm). Zur Brutzeit ohne die helle Fleckung und den grünen Gefiederglanz – schimmert mehr bläulich oder lila. Außerhalb der Brutzeit mit kleinen weißlichen Flecken übersät. Jungvögel denen des Stars sehr ähnlich, aber dunkler, fast schwärzlichbraun. Verhalten ähnlich dem des Stars, tritt aber nur selten in so großen Schwärmen auf.

Verbreitung: Iberische Halbinsel, Südwestfrankreich, Korsika, Sardinien, Sizilien, Nordafrika.

Stimme: Gesang nicht so abwechslungsreich wie beim Star und mit weniger Imitationen.

Lebensraum: Laub- und Mischwälder, Auwald; häufig in Parks und Gärten mit alten Bäumen oder mit entsprechendem Angebot an künstlichen Nisthöhlen.

Brut: Brütet oft in Kolonien, sonst wie Star.

Nahrung: Insekten, Würmer, Schnecken, Beeren, Obst.

Beobachtungstip: Auf der Iberischen Halbinsel sieht man beide Starenarten im Winter oft zusammen, wobei die Einfarbstare wegen ihrer kleineren Flecken etwas dunkler wirken. Trotz der großen Ähnlichkeit vermischen sich beide Arten kaum miteinander.

2 Pirol

Oriolus oriolus
(Pirole)

Der Pirol lebt sehr versteckt in Baumkronen und ist trotz seines auffälligen Gefieders nur schwer zu beobachten. Sommervogel; Mai bis September.

Kennzeichen: Etwas kleiner als Amsel (24 cm). Männchen prächtig gelb-schwarz, kaum mit einem anderen Vogel zu verwechseln. Weibchen und Jungvögel grünlichgelb und grau gefärbt.

Verbreitung: Europa nordwärts bis Südengland, Südschweden und Südfinnland. Überwintert in Afrika nahe dem Äquator.

Stimme: Beide Geschlechter rufen eichelhäherartig »krrää« oder »gewää«; Gesang des Männchens im Frühjahr laut flötend »dedüalüo«.

Lebensraum: Alte Laub- und Auwälder, Parks mit alten Laubbäumen, Obstplantagen.

Brut: 1 Brut (Mai bis Juli). Kunstvoll vom Männchen und Weibchen gefertigtes, napfförmiges Nest in Astgabeln – aus Gras, Bast und manchmal Papierfetzen. 3–5 weißliche bis rosafarbene, spärlich gefleckte Eier, vom Weibchen bebrütet. Brutdauer 14–15 Tage, Nestlingsdauer 14–16 Tage.

Nahrung: Große Insekten, Raupen, Beeren, Obst.

Beobachtungstip: Im Flug erinnert der Pirol wegen seiner wellenförmigen Flugweise an einen Specht. Er kann gut klettern und turnt geschickt an kleinen Zweigen und Ästen.

Einfarbstar (1). Pirol-Männchen (2). Pirol-Weibchen mit Jungvogel (3). Gelege des Pirols (4).

1

2/3

4

Eichelhäher

Garrulus glandarius
(Krähen)

Der Eichelhäher wird wegen seiner Vorliebe, Eicheln als Wintervorrat zu verstecken, »Pflanzgärtner des Waldes« genannt. Jahresvogel.

Kennzeichen: Kleiner als Rabenkrähe (34 cm). Mit seiner rötlichbraunen Gefiederfärbung und dem auffällig blau-schwarz gebänderten Flügelabzeichen kaum mit einem anderen Vogel zu verwechseln.

Verbreitung: Europa außer Island und dem nördlichsten Skandinavien.

Stimme: Ruft rauh rätschend »rräh-rräh« oder »rrätsch« – warnt damit auch die Vögel und anderen Tiere des Waldes vor drohender Gefahr; auch mäusebussardartig »hiäh« und verhalten »ga-hi«. Der leise Gesang aus schwätzenden, schnalzenden, miauenden und »bauchrednerisch« gepreßten Lauten ist abwechslungsreich und enthält viele Imitationen.

Lebensraum: Vorwiegend in Laub- und Mischwäldern; häufig auch in Parks und großen Gärten mit älteren Bäumen, besonders im Frühjahr und Herbst zu den Zugzeiten.

Brut: 1 Brut (April bis Juni). Recht kleines Reisignest, mit Gräsern und Flechten gepolstert, meist gut versteckt in Bäumen oder Büschen. 4–6 blaugrünliche oder olivbräunliche Eier mit bräunlichen Flecken und Punkten, vom Weibchen bebrütet; Brutdauer 16–17 Tage, Nestlingsdauer 19–20 Tage.

Nahrung: Eicheln, Bucheckern, Haselnüsse, Insekten; im Frühjahr oft Vogeleier und Jungvögel.

Beobachtungstip: Im Flug fällt der Eichelhäher durch den weißen Bürzel und das weiße Flügelfeld bereits von weitem auf. Der Flug ist etwas unstet, der Schlag der runden Flügel flatternd. Obwohl häufig, ist er oft nur schwer zu beobachten, da er versteckt und zurückgezogen lebt – besonders zur Brutzeit. Im Herbst sieht man oft Trupps von ziehenden Eichelhähern, die aus nördlichen und nordöstlichen Brutgebieten stammen. Im Winter besuchen die Vögel häufig Futterstellen in Waldnähe oder in Parks. Das ganze Jahr über verstecken Eichelhäher bei Nahrungsüberschuß verschiedene Baumfrüchte. Dabei werden die Bissen stets einzeln abgelegt. Besonders beliebt sind Eicheln sowie Bucheckern und Haselnüsse, in Südeuropa auch Edelkastanien. Geeignete Verstecke für ihre »Schätze« sind Stellen unter Moos und Laub oder unter einem Nadelbaum. Die Nahrungsflüge können bis zu über 5 km entfernt liegenden Ernteplätzen führen.

Der Eichelhäher sucht im Winter nach den Vorräten, die er im Herbst versteckt hat (1). Die Jungen tragen bereits das typische blau-schwarze Flügelabzeichen (2); Diese jungen Eichelhäher werden schon bald das Nest verlassen (3). Das Gelege enthält 4–6 Eier (kleines Bild links).

1

2

3

1 Unglückshäher

Perisoreus infaustus
(Krähen)

Der Unglückshäher ist ein typischer Vogel der nordischen Taiga; kommt nicht in Mitteleuropa vor. Jahresvogel.

Kennzeichen: Kleiner als Eichelhäher (28 cm). Unverwechselbar durch rostrote Färbung in Flügel und Schwanz sowie an den Flanken.

Verbreitung: Mittel- und Nordskandinavien, Nordrußland.

Stimme: Eine Vielzahl von weichen, bussardartigen sowie merkwürdig klingenden Lauten.

Lebensraum: Nordischer, flechtenbehangener Nadelwald.

Brut: 1 Brut (März bis Mai). Relativ kleines, gut isoliertes Nest aus Reisern, Rindenstücken und Bartflechten, innen mit Federn gepolstert – meist direkt am Stamm einer Fichte oder Kiefer. 3–4 hellgrünliche, dunkler gefleckte Eier, vom Weibchen bebrütet. Brutdauer 19–20 Tage, Nestlingsdauer 21–24 Tage.

Nahrung: Insekten und andere Kleintiere, Eier und Jungvögel, Beeren, Samen.

Beobachtungstip: Unglückshäher sind oft bemerkenswert zutraulich und kommen nahe an den Menschen heran; sie besuchen häufig Fütterungen in Waldnähe. Nicht selten kommt es vor, daß die munteren Häher die Essensvorräte von Waldarbeitern oder Wanderern ausspähen und sich ein paar Bissen davon schnappen. Während der Jungenaufzucht leben sie sehr zurückgezogen.

2 Tannenhäher

Nucifraga caryocatactes
(Krähen)

Der Tannenhäher hat eine Vorliebe für Haselnüsse, die er im Herbst aus Gärten holt. Jahresvogel.

Kennzeichen: Wenig kleiner als Eichelhäher (32 cm). Gefieder dunkelbraun, dicht weiß gefleckt, wirkt aus der Entfernung grau; Flügel und Schwanz sind schwarz.

Verbreitung: Gebirge Mittel- und Südosteuropas; Südskandinavien, Nordosteuropa und nördliches Rußland.

Stimme: Ruft heiser und laut schnarrend »grrärr-grrärr«. Gesang selten zu hören – ein leises plauderndes Schwätzen mit Imitationen anderer Vögel.

Lebensraum: Nadel- und Mischwald; im Herbst oft in Gärten mit Haselsträuchern.

Brut: 1 Brut (März bis Mai). Gut wärmeisoliertes Nest aus Zweigen, Flechten, Rindenstücken, Erde und Halmen. 3–4 grünlichblaue Eier mit grauer oder olivbrauner Musterung, vom Männchen und Weibchen bebrütet; Brutdauer 18–19 Tage, Nestlingsdauer 24–26 Tage.

Nahrung: Samen der Zirbelkiefer und anderer Bäume, Hasel- und Walnüsse, Beeren, Obst.

Beobachtungstip: Sitzt häufig auf den Spitzen von Fichten. Der Flug wirkt nicht so unstet wie beim Eichelhäher. In Gebirgsnähe richten Tannenhäher oft eine Art »Pendelverkehr« ein zwischen Gärten mit Haselnußsträuchern und dem Bergwald, in dem sie die Nüsse verstecken.

Unglückshäher (1). Tannenhäher (2).

1

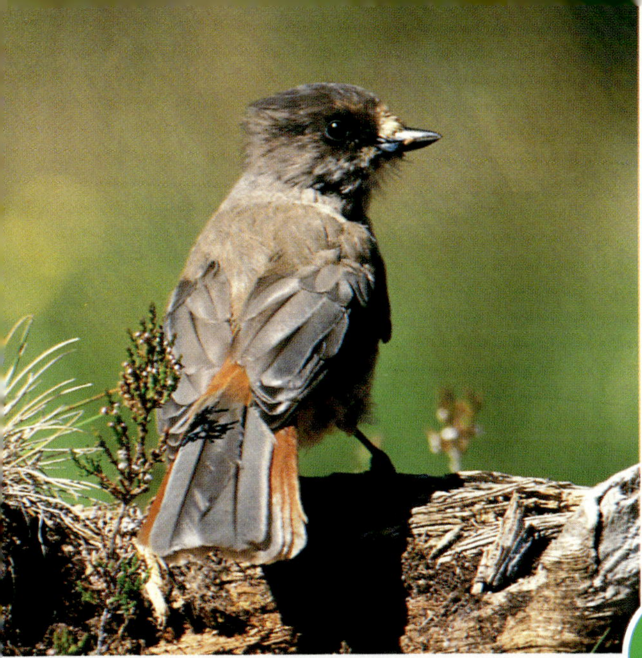

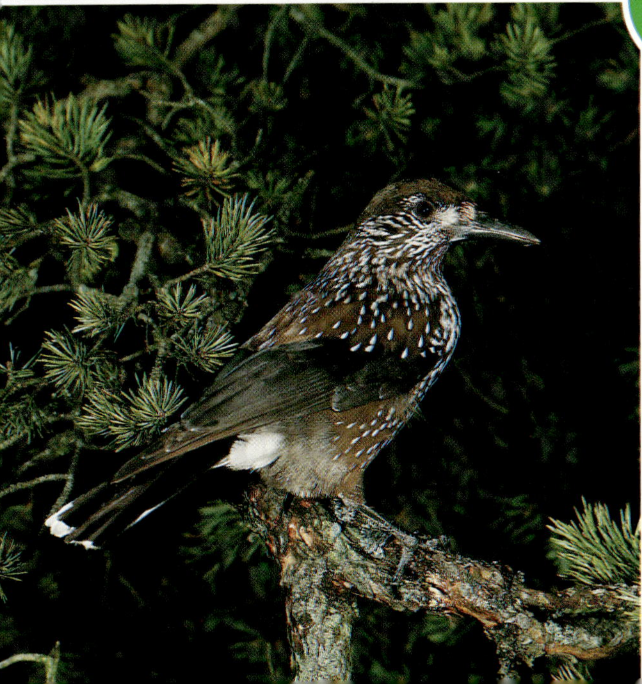

2

1 Elster
Pica pica
(Krähen)

Elstern sind wachsame, scheue Vögel, die sich dennoch eng an den Menschen angeschlossen haben. Jahresvogel.

Kennzeichen: Kleiner als Rabenkrähe (44–48 cm), mit sehr langem, stufigem Schwanz; Gefieder auffällig schwarz-weiß, daher kaum mit anderen Vögeln zu verwechseln.

Verbreitung: Ganz Europa.

Stimme: Ruft rauh schackernd »tscharr-ackackack« und warnt damit vor Katzen, Greifvögeln und Menschen. Gesang verhalten schwätzend, mit nasalen Lauten untermischt.

Lebensraum: Offene Landschaft mit Feldgehölzen und Hecken, Dörfer und Städte mit hohen Bäumen; in Gärten, Parks und Friedhöfen mit Bäumen, auch mitten in der Großstadt.

Brut: 1 Brut (Anfang April bis Mai). Großes, haubenförmig überdachtes Reisignest in Bäumen und hohen Büschen; der Nestboden besteht aus Wurzeln und Erde. 5–8 bläuliche bis grünliche Eier, vom Weibchen bebrütet; Brutdauer 17–18 Tage, Nestlingsdauer 22–24 Tage.

Nahrung: Allesfresser, vor allem Schnecken, Würmer, Insekten, Eier und Jungvögel, Abfälle, Aas.

Beobachtungstip: Elstern laufen in typischem wackelndem Gang. Im Flug wirken die Vögel wegen ihrer unregelmäßigen Flügelschläge etwas zögerlich. Wenn sie sich ungestört fühlen, besuchen sie im Winter Futterplätze.

2 Dohle
Corvus monedula
(Krähen)

Die Partner eines Dohlenpaares halten sich ein Leben lang die Treue und gehen sogar gemeinsam auf Nahrungssuche. Teilzieher. Januar bis Dezember.

Kennzeichen: Kleiner als Rabenkrähe (33 cm). Gefieder überwiegend schwarz, Nacken und Ohrdecken grau, helle Iris. Jungvögel mit bräunlichschwarzem Gefieder und dunkler Iris.

Verbreitung: Europa außer Island und Nordskandinavien.

Stimme: Ruft kurz, durchdringend »kaja« oder »kjak«, schnarrend »kjärr« und bei Gefahr hoch »jüp«. Gesang schwätzend mit miauenden und knackenden Tönen, selten zu hören.

Lebensraum: Laubwälder und Parks mit Spechthöhlen, Kirchen, Burgen, Ruinen mit altem Gemäuer; fehlt gebietsweise.

Brut: 1 Brut (April bis Juni). Reisignest mit weichen Pflanzenteilen und Tierwolle gepolstert; in Baumhöhlen, Feldspalten, Mauernischen und Nistkästen. 4–6 hellblaue Eier mit dunklen Flecken, vorwiegend vom Weibchen bebrütet; Brutdauer 17–18 Tage, Nestlingsdauer 28–33 Tage.

Nahrung: Würmer, Schnecken, Insekten, Früchte, Mäuse, Jungvögel, Abfälle.

Beobachtungstip: Abends veranstalten Dohlentrupps in Schlafplatznähe häufig akrobatische Flugspiele und segeln in Aufwinden. Im Winterhalbjahr schließen sie sich häufig den großen Saatkrähenschwärmen an.

Elster (1). Junge Elstern (2). Dohle (3).

1

2

3

Rabenkrähe
Nebelkrähe

Corvus corone
(Krähen)

Rabenkrähe (Corvus corone corone) und Nebelkrähe (Corvus corone cornix) sind zwei Unterarten der Art Aaskrähe (Corvus corone). Jahresvogel.

Kennzeichen: Größe allbekannt (47 cm). Schnabel kürzer und kräftiger als bei der Saatkrähe und mit Federborsten am Grund, die rund $1/3$ der Schnabelbasis bedecken. Rabenkrähe einheitlich schwarz mit schwachem Gefiederglanz. Bei der Nebelkrähe sind Rücken und Unterseite grau, sie ist daher leicht zu erkennen. An der Verbreitungsgrenze gibt es eine Zone, in der beide Formen nebeneinander vorkommen und sich gelegentlich vermischen; die Abkömmlinge zeigen Gefiedermerkmale beider Formen.

Verbreitung: Rabenkrähe in Westeuropa außer Irland und Schottland und im westlichen Mitteleuropa; Nebelkrähe in Irland und Schottland, im östlichen Mitteleuropa, Ost- und Nordeuropa, Italien und Südosteuropa.

Stimme: Ruft häufig »wärr« oder »kräh«, bei Angriffen auf Greifvögel »krrr«. Gesang leise und nur selten zu hören – ein bauchrednerisches Geplauder mit Imitationen anderer Vögel.

Lebensraum: Vor allem offene Kulturlandschaft, Moore, Heidegebiete; häufig in Parks und Gärten mit hohen Bäumen.

Brut: 1 Brut (März bis Juni). Großes, solide gebautes Nest aus Zweigen, mit feuchter Erde verfestigt und innen mit Wolle und Haaren ausgestattet, meist hoch in Bäumen in einer Astgabel, auch in hohen Büschen, in Felsnischen und an Gebäuden. 4–6 blaugrüne, unterschiedlich gemusterte Eier, vom Weibchen bebrütet; Brutdauer 17–19 Tage, Nestlingsdauer 31–33 Tage.

Nahrung: Allesfresser: Insekten, Würmer, Schnecken, Mäuse, Frösche, Eier und Junge anderer Vögel, Samen, Früchte, Aas, Abfälle.

Beobachtungstip: Raben- und Nebelkrähe sind sehr gesellig, nach der Brutzeit streifen sie in größeren Trupps in der Kulturlandschaft umher, treten aber bei uns nicht in so riesigen Schwärmen auf wie Saatkrähen. Obwohl Rabenkrähen in unserer direkten Umgebung leben, verlieren sie nie ihre große Scheu, sondern sind stets mißtrauisch. Das resultiert aus der jahrhundertelangen Verfolgung durch den Menschen.

Die Rabenkrähe ist im westlichen Mitteleuropa fast überall in der Nähe des Menschen anzutreffen (1). Östlich der Elbe wird die Rabenkrähe durch die Nebelkrähe ersetzt (2). Gelege der Rabenkrähe (kleines Bild links).

1

2

1 Saatkrähe

Corvus frugilegus
(Krähen)

Die Saatkrähe erkennt man leicht an der weißlichen, unbefiederten Schnabelwurzel. Teilzieher und Wintergast.

Kennzeichen: Größe wie Rabenkrähe (47 cm). Von dieser auch durch steilere Stirn, locker abstehende Schenkelbefiederung (»Hosen«) und den blauen Gefiederglanz unterschieden.

Verbreitung: Europa außer Island und dem größten Teil Skandinaviens, West- und Südeuropas. Überwintert in Mittel- und Südeuropa.

Stimme: Ruft ähnlich der Rabenkrähe, aber rauher und tiefer »kroh«, »korr« oder »krah«. Gesang schwätzend, mit krächzenden und hellen metallischen Tönen.

Lebensraum: Offene Kulturlandschaft mit Feldgehölzen, im Winter häufig in Parks und Gärten.

Brut: 1 Brut (März bis Mai). Koloniebrüter; großes Reisignest, meist hoch in Bäumen. 3–5 bläuliche Eier mit verschiedenfarbiger Musterung, vom Weibchen bebrütet; Brutdauer 17–20 Tage, Nestlingsdauer 28–35 Tage.

Nahrung: Insekten und deren Larven, Würmer, Schnecken, Mäuse, Pflanzenteile, Samen, Abfälle.

Beobachtungstip: Saatkrähen sind das ganze Jahr über sehr gesellig; im Winterhalbjahr treten sie oft in großen Schwärmen auf und suchen in Gärten und Parks, auch in der Großstadt, nach Nahrung.

2 Feldsperling

Passer montanus
(Sperlinge)

Der Feldsperling ist eher in Dörfern, weniger in der Großstadt anzutreffen. Jahresvogel.

Kennzeichen: Etwas kleiner als Haussperling (14 cm). Typisch sind die schokoladebraune Kopfkappe, der schwarze Wangenfleck und das weißliche Nackenband.

Verbreitung: Europa außer Island, dem größten Teil Fennoskandiens und dem Westen der Iberischen Halbinsel.

Stimme: Ruft häufig »zwit-tek tektek« oder »tschik-tschik-tschok«. Gesang ähnlich dem Haussperling tschilpend, aber härter.

Lebensraum: Häufig in offener Kulturlandschaft, in Dörfern, Gärten, Obstgärten und Parks.

Brut: 2–3 Bruten (April bis August). Kugeliges Nest aus Halmen, Stengeln und Federn in Baumhöhlen, Mauerlöchern, Nistkästen oder künstlichen Schwalbennestern. 4–6 helle Eier mit dichter dunkler Musterung, vom Männchen und Weibchen bebrütet. Brutdauer 13–14 Tage, Nestlingsdauer 14–16 Tage.

Nahrung: Samen, Insekten, Knospen, Früchte, Abfälle.

Beobachtungstip: Besucht Fütterungen an Dorfrändern.

Saatkrähen (1). Feldsperling an der Bruthöhle (2). Junger Feldsperling (3). Feldsperlinge sind gesellig (4). Gelege der Saatkrähe (kleines Bild links).

Haussperling
Passer domesticus
(Sperlinge)

Der Haussperling oder Hausspatz ist einer der häufigsten Vögel in der Umgebung des Menschen. Jahresvogel.

Kennzeichen: Größe allbekannt (15 cm). Männchen mit grauem Scheitel, schwarzem Latz und hellgrauer Unterseite kaum mit einem anderen Vogel zu verwechseln. Im Herbst nicht mehr so kontrastreich, durch helle Federränder an Scheitel und Kehllatz matter gefärbt. Weibchen viel schlichter gefärbt – graubraun mit feiner Musterung und ohne das auffällige Kopfmuster.

Verbreitung: Ganz Europa außer Island sowie den kargen Gebirgsgegenden.

Stimme: Das rhythmische Tschilpen, das jedermann mit dem »Spatz« in Verbindung bringt, ist der eigentliche Gesang des Haussperlings, den das Männchen in Nestnähe vorträgt. Ruft häufig »tschedtsched« oder laut und durchdringend zeternd »tetetetet«.

Lebensraum: Kulturfolger in allen Arten von Siedlungen wie Dörfern, Einzelgehöften, Städten.

Brut: 2–3 Bruten (Apri bis August). Liederliches, überdachtes Nest aus Halmen, Stengeln, Papier und anderem Zivilisationsmüll unter Dachziegeln, in Mauerlöchern, zwischen Kletterpflanzen, in Storchenhorsten und Schwalbennestern; gelegentlich freistehende Nester in dichten Büschen. 4–6 hellbeigefarbene Eier mit unterschiedlicher Musterung, vom Männchen und Weibchen bebrütet. Brutdauer 13–14 Tage, Nestlingsdauer 13–14 Tage.

Nahrung: Samen, Insekten, deren Larven, Früchte, Beeren, Getreide, Abfälle.

Beobachtungstip: Haussperlinge kann man öfters beim Baden in Sand oder Staub beobachten; dieses Verhalten dient der Hygiene, denn es befreit die Vögel von lästigen Parasiten, die sich im Gefieder eingenistet haben. Bei der Gruppenbalz hüpfen mehrere Männchen mit hängenden Flügeln und gestelztem Schwanz und laut tschilpend um ein Weibchen herum; fliegt dieses weg, so wird es von der ganzen »Horde« vehement verfolgt. Haussperlinge sind ursprünglich Körnerfresser, haben sich aber mit dem engen Anschluß an den Menschen zu Allesfressern entwickelt. Früher lebten sie vor allem von Getreide, das aus den Futtersäcken der Pferde zu Boden fiel und von unverdauten Körnern in Pferdeäpfeln. Heute richten sie manchmal in Getreidefeldern Schaden an, wenn sie nach der Brutzeit dort scharenweise einfallen.

Das Männchen trägt einen schwarzen Latz (1). Ein Jungvogel (links) wird vom Weibchen gefüttert (2). Flügge gewordene Junge erkennt man vor allem am gelblichen Schnabelwinkel (3). Nest mit Gelege (kleines Bild links).

1

2

3

Buchfink

Fringilla coelebs
(Finken)

Der Buchfink zählt zu den häufigsten Vögel in Gärten und Parks und ist fast überall dort anzutreffen, wo es wenigstens ein paar Bäume gibt. Teilzieher, die meisten Weibchen ziehen bei uns im Herbst fort.

Kennzeichen: Größe wie Haussperling (15,5 cm). Leuchtend weißes Flügelfeld. Männchen im Frühjahr auffallend bunt mit glänzend blaugrauem Scheitel, Nacken und Schnabel und olivgrünem Bürzel. Weibchen bis auf die weißen Flügelabzeichen unscheinbar – oberseits olivbraun, unterseits graubräunlich gefärbt.

Verbreitung: Ganz Europa außer Island und dem hohen Norden Skandinaviens. Bei uns überwintern fast ausschließlich Männchen.

Stimme: Ruft bei Beunruhigung wie Kohlmeise »pink«, im Flug »jüp«; der sog. Regenruf, ein rollendes »wrüt« ist nicht nur bei Niederschlag zu hören. Gesang eine schmetternde, abfallende Strophe mit je nach Gegend verschiedenartigem Schlußteil; danach folgt oft noch ein »kit«, das vermutlich vom Buntspecht übernommen wurde. Manche Männchen verfügen über mehrere Strophentypen, die jeweils eine Zeitlang vorgetragen werden. Der Buchfinkenschlag wird oft mit »Was bin ich für ein schöner Bräutigam« wiedergegeben. Früher wurden Buchfinken häufig als Stubenvögel gehalten – man veranstaltete mit ihnen sogar Sängerwettkämpfe.

Lebensraum: In fast allen Arten von Wäldern, in Feldgehölzen, offener Landschaft mit Büschen und Hecken sowie in Parks und Gärten, auch mitten in der Großstadt.

Brut: 2 Bruten (April bis Juli). 3–6 zart hellblaue Eier mit rosafarbener und bräunlicher Fleckung, vom Weibchen bebrütet; Brutdauer 12–13 Tage, Nestlingsdauer 12–14 Tage.

Nahrung: Samen, Insekten, Spinnen, Früchte, Beeren, Sämereien, Getreide.

Beobachtungstip: Buchfinken laufen am Boden trippelnd und mit ruckartigen Kopfbewegungen. Die Männchen besuchen im Winter häufig Fütterungen, vor allem am Boden; sie sind jedoch recht scheu und lassen sich leicht durch die Drohgebärden anderer Vögel vertreiben. Im Winterhalbjahr sieht man große Schwärme von ihnen, meist zusammen mit Bergfinken oder Goldammern, auf abgeernteten Feldern nach Nahrung suchen.

Das Männchen trägt im Frühjahr einen glänzend blaugrauen Scheitel (1). Das Gefieder des Weibchens ist bis auf das arttypische weiße Flügelfeld unscheinbar (2). Jungvogel (3). Nest mit Gelege (kleines Bild links).

1

2

3

1 Bergfink
Fringilla montifringilla
(Finken)

Der Bergfink ist eine nordische Vogelart. Durchzügler und Wintergast, von Oktober bis April.
Kennzeichen: Größe wie Buchfink (15,5 cm). Brust und Schultern orangefarben, Bürzel weiß. Männchen im Frühjahr mit glänzend schwarzem Kopf und Rücken, sonst ist das Schwarz durch helle Federränder bräunlichschwarz gschuppt. Weibchen viel schlichter, mit braun gemustertem Rücken.
Verbreitung: Skandinavien und Nordosteuropa. Überwintert in West-, Mittel- und Südeuropa.
Stimme: Ruft quäkend »quäi« und »jäk«, im Flug »jüp«.
Lebensraum: Brütet in nordischen Wäldern. Im Winterhalbjahr in Buchenwäldern, auf Feldern, in Gärten und Parks.
Brut: 1 Brut (Mai bis Juli). Nest aus Moos, Halmen, Flechten und Federn, meist in einer Astgabel. 5–7 hellbläuliche, rötlich gemusterte Eier, vom Weibchen bebrütet. Brutdauer 11–12 Tage, Nestlingsdauer 11–13 Tage.
Nahrung: Insekten, Bucheckern und andere Samen.

Beobachtungstip: Im Winter sieht man Bergfinken oft in großen Schwärmen in Buchenwäldern. Die Vögel besuchen auch Fütterungen für Kleinvögel.

2 Kernbeißer
Coccothraustes coccothraustes
(Finken)

Der Kernbeißer ist mit dem bunten Gefieder und riesigem Schnabel kaum mit einem anderen Vogel zu verwechseln. Jahresvogel.
Kennzeichen: Größer als Haussperling (18 cm). Gedrungen und kurzschwänzig. Schnabel im Frühjahr und Sommer blaugrau, im Winter hornfarben. Männchen sehr bunt, Weibchen schlichter gefärbt.
Verbreitung: Europa außer Island, Irland und dem Norden.
Stimme: Ruft kurz und scharf »zicks« oder »zittit«. Gesang eine Folge von rufartigen und nasalen Tönen, selten zu hören.
Lebensraum: Laub- und Mischwälder, Parks und Gärten mit höheren Laubbäumen.
Brut: 1–2 Bruten (April bis Juni). Recht großes Nest aus Zweigen, Halmen und kleinen Wurzeln, hoch in Laubbäumen. 4–6 bräunlichgraue Eier mit dunkelbrauner Musterung. Brutdauer 13–14 Tage, Nestlingsdauer 11–14 Tage.
Nahrung: Laubbaumsamen, vor allem von Hainbuche und Ahorn.
Beobachtungstip: Kernbeißer besuchen im Winter oft Vogelfütterungen; mit ihrem riesigen Schnabel halten sie sich Konkurrenten vom Leib.

Bergfink-Männchen im Spätwinter (1). Bergfink-Weibchen im Winter (2). Kernbeißer-Männchen im Winter (3), zur Brutzeit (4). Kernbeißer-Gelege (kleines Bild links).

1

4

1 Girlitz

Serinus serinus
(Finken)

Der Girlitz ist unser kleinster Fink. Sommervogel; März bis Oktober.

Kennzeichen: Deutlich kleiner als Haussperling (11,5 cm). Männchen kanariengelb, an Rücken und Flanken bräunlich gestreift. Weibchen mehr graugrün gefärbt und deutlich kräftiger gestreift.

Verbreitung: Süd-, Südwest- und Mitteleuropa, Nordafrika. Kam ursprünglich nur in den Mittelmeerländern vor, hat sich von dort weit nach Norden verbreitet.

Stimme: Ruft trillernd »girr« oder »girlitt«. Gesang hoch und anhaltend klirrend; singt oft hoch auf Antennen oder im Singflug.

Lebensraum: Vorwiegend im Siedlungsbereich: in Parks und Gärten, Friedhöfen und in lichtem Laub- und Mischwald.

Brut: 2 Bruten (April bis Juli). Kleines, kunstvolles Nest aus Halmen, Wurzeln, Moos, Federn, Haaren und Pflanzenwolle, meist in jungen Nadelbäumen oder Büschen. 3–5 grünliche oder bläuliche Eier, rötlich und hell lila gefleckt; vom Weibchen bebrütet; Brutdauer 12–14 Tage, Nestlingsdauer 14–16 Tage.

Nahrung: Kleine Samen, grüne Pflanzenteile, Insekten.

Beobachtungstip: Im Frühjahr unternehmen die Männchen fledermausartige Singflüge mit langsamen und weitausholenden Flügelschlägen.

2 Erlenzeisig

Carduelis spinus
(Finken)

Der Erlenzeisig ist einer unserer kleinsten Finken. Teilzieher.

Kennzeichen: Kleiner als Haussperling (12 cm). Typisch sind der schlanke, spitze Schnabel und das grünlich-gelbe Gefieder. Männchen mit schwarzer Kopfkappe und schwarzem Kinnfleck. Weibchen mehr graugrün, ohne Schwarz am Kopf und stärker gestreift.

Verbreitung: Britische Inseln, Nord- und Nordosteuropa, Mitteleuropa, Teile Südosteuropas.

Stimme: Ruft häufig »tetetet«, im Flug »diäh« oder »tüli«. Gesang eine muntere, eilige Zwitscherstrophe, am Schluß mit einem gedehnten Quetschlaut.

Lebensraum: Vorwiegend in Berg-Nadelwäldern, aber auch in ausgedehnten Forsten; streift im Winterhalbjahr im Tiefland umher.

Brut: 2 Bruten (April bis Juli). Kunstvolles Nest aus kleinen Zweigen, Halmen, Moos und Flechten, meist hoch in einem Nadelbaum. 4–6 zart hellblaue Eier mit feinen rötlichen und violetten Tupfen, vom Weibchen bebrütet; Brutdauer 12–14 Tage, Nestlingsdauer 13–15 Tage.

Nahrung: Samen von Bäumen und krautigen Pflanzen, Insekten.

Beobachtungstip: Im Winterhalbjahr sieht man oft Trupps von Erlenzeisigen an Birken und Erlen herumturnen. Vor allem im Spätwinter besuchen die kleinen Finken Vogelfütterungen in Parks und Gärten.

Girlitz-Männchen (1).Girlitz-Weibchen (2). Erlenzeisig – Weibchen (3). Erlenzeisig-Männchen (4).

Grünling

Carduelis chloris
(Finken)

Der Grünling, auch Grünfink genannt, ist der größte gelbgrüne Fink Europas und in unseren Gärten und Parks vielfach die häufigste Vogelart. Jahresvogel.

Kennzeichen: Größe wie Haussperling (15 cm). Auffallend sind der stämmige Körperbau, der kräftige Kegelschnabel sowie die gelben Abzeichen an Flügeln und Schwanz. Männchen gelbgrün, Weibchen viel schlichter, mehr graugrün. Im Herbst und Winter sind beide Geschlechter recht unauffällig gefärbt. Jungvögel mehr bräunlich gefärbt und kräftig dunkel gestreift.

Verbreitung: Europa außer Island sowie Teilen Nordskandinaviens und Nordosteuropas.

Stimme: Ruft häufig klingelnd »gügügü«, bei Beunruhigung nasal und gedehnt »dschuie«, bei Auseinandersetzungen schnarrend »tsrrr«. Gesang wohlklingend und abwechslungsreich aus kanarienvogelartigen Trillern und klingelnden Motiven sowie Pfeifflauten, die an den Kleiber erinnern. Häufig fledermausartiger Singflug mit stark verlangsamten, rudernden Flügelschlägen.

Lebensraum: Lichte Wälder, Waldränder; Kulturlandschaft mit Feldgehölzen, Hecken, Obstgärten und Alleen; Dörfer und Städte mit Baumbestand, dort vor allem in Gärten und Parks.

Brut: 2–3 Bruten (April bis August). Umfangreiches Nest aus Zweigen, Moos, Wurzeln, Halmen und Pflanzenwolle, meist nicht sehr hoch in Jungbäumen, Büschen und an der Hauswand zwischen Kletterpflanzen. 4–6 weißliche Eier mit bräunlicher und schwärzlicher Fleckung, vom Weibchen bebrütet; Brutdauer 12–15 Tage, Nestlingsdauer 13–16 Tage.

Nahrung: Verschiedene Samen, Blütenknospen, Insekten, Sonnenblumenkerne, Nüsse.

Beobachtungstip: Grünfinken sind vielfach die häufigsten Gäste an Vogelfütterungen in Gärten und Parks. Sie sind allgemein recht streitsüchtig und drohen anderen Vögeln vehement. Dabei halten sie die Flügel erhoben und leicht geöffnet, den Schwanz etwas gefächert und den Schnabel weit geöffnet. Die gelbe Zeichnung von Flügeln und Schwanz soll als optisches Signal die Drohwirkung verstärken. Im Frühjahr gehören Grünlinge zu den ersten Sängern (bereits an warmen Februartagen).

Männchen mit auffälligem, gelbem Flügelfeld (1).
Das Weibchen ist deutlich unscheinbarer (2).
Jungvögel im Nest (3). Nest mit Gelege
(kleines Bild links).

1

2

3

1 Stieglitz

Carduelis carduelis
(Finken)

Der Stieglitz oder Distelfink ist einer unserer buntesten Vögel. Teilzieher.

Kennzeichen: Kleiner als Haussperling (14 cm). Aufgrund der sehr auffälligen Gefiederfärbung kaum mit einem anderen Vogel zu verwechseln; typisch ist das rotweiß-schwarze Kopfmuster, das jedoch den Jungvögeln bis zum Oktober fehlt.

Verbreitung: Europa außer Island und dem größten Teil Nordeuropas.

Stimme: Ruft fast ständig hell klingelnd »stigelitt« oder »didlitt«, bei Auseinandersetzungen schnarrend »tschrr«, bei Gefahr nasal »dwäi«.

Lebensraum: Obstgärten, Dörfer mit großen Laubbäumen, Parks und Gärten mit Laubbaumbestand. Im Winterhalbjahr mehr in offener Landschaft.

Brut: 2 Bruten (Mai bis August). Sorgfältig gebautes, dickwandiges Nest aus Pflanzenwolle, Halmen und Moos, meist recht hoch in Bäumen und Büschen. 4–6 rötlich gemusterte Eier, vom Weibchen bebrütet; Brutdauer 12–14 Tage, Nestlingsdauer 14–15 Tage.

Nahrung: Samen von Stauden und Bäumen, Knospen, Insekten.

Beobachtungstip: Stieglitze sieht man meist im Trupp an Wegrändern oder auf Wildkräuterflächen, wo sie mit ihrem spitzen Schnabel die Samen aus Disteln und anderen Stauden holen.

2 Birkenzeisig

Carduelis flammea
(Finken)

Der Birkenzeisig ist bei uns erst vor kurzer Zeit in die Gärten und Parks des Tieflandes eingewandert. Teilzieher.

Kennzeichen: Kleiner als Haussperling (13 cm). Gefieder graubraun mit rotem Scheitel- und schwarzem Kinnfleck. Männchen zur Brutzeit mit intensiv roter Brust.

Verbreitung: Island, Britische Inseln, Nord- und Mitteleuropa.

Stimme: Ruft im Flug schnell und nasal »dschädschädschä«. Gesang rauh zwitschernd und trillernd und mit Flugrufen.

Lebensraum: Aufgelockerter Nadelwald der Gebirge; Gärten und Parks im Tiefland.

Brut: 2 Bruten (Mai bis Juli). Kleines Nest aus Zweigen, Moos und Halmen in Nadelbäumen oder Büschen. 4–6 hellblaue Eier mit rötlicher und bräunlicher Zeichnung, vom Weibchen bebrütet; Brutdauer 12–15 Tage, Nestlingsdauer 12–14 Tage.

Nahrung: Samen von Laubbäumen und Kräutern, Insekten.

Beobachtungstip: Im Winterhalbjahr sieht man Birkenzeisige oft truppweise auf Birken und Erlen.

Stieglitz (1). Birkenzeisigpaar, links Weibchen, rechts Männchen (2). Gelege des Stieglitzes (kleines Bild links).

Gimpel

Pyrrhula pyrrhula
(Finken)

Der Gimpel oder Dompfaff ist einer unserer bekanntesten Vögel. Er lebt im Gegensatz zu anderen Kleinvögeln in einer Dauerehe, wobei sich oft mehrere Paare zu einem Trupp zusammenschließen. Teilzieher.

Kennzeichen: Nur wenig größer als Haussperling (16 cm), wirkt aber viel plumper. Typisch sind schwarze Kopfkappe, schwarzer Schnabel, schwarzer Schwanz und weißer Bürzel, der vor allem beim Auffliegen zu sehen ist. Männchen mit leuchtend rosenroter, Weibchen mit bräunlichgrauer Unterseite. Jungvögel dem Weibchen ähnlich, aber ohne die schwarze Kopfplatte, die bei Altvögeln weiße Flügelbinde ist noch beige gefärbt.

Verbreitung: Europa außer Island, Teilen Nordeuropas und der Iberischen Halbinsel.

Stimme: Ruft weich, melancholisch pfeifend »djü« oder »wüp«. Der unauffällig pfeifende Gesang klingt wegen der eingestreuten knarrenden und quetschenden Töne »bauchrednerartig«. Gimpel sind sehr stimmbegabt und lernen handaufgezogen Lieder und Melodien nachzupfeifen.

Lebensraum: Nadel- und Mischwälder, Feldgehölze, größere Hecken; häufig in Gärten, Obstgärten, Friedhöfen und Parks.

Brut: 2 Bruten (April bis August). Gut verstecktes, lockeres Nest aus Zweigen, Wurzeln und Moos in dichten Büschen und Nadelbäumen. 4–6 hellblaue Eier mit violetter und schwärzlicher Musterung, vom Weibchen bebrütet; Brutdauer 12–14 Tage, Nestlingsdauer 14–17 Tage.

Nahrung: Samen von Bäumen und Kräutern, Knospen, Beeren, Insekten, Sonnenblumenkerne, Nüsse, Getreide.

Beobachtungstip: Gimpel sind während der Brutzeit sehr versteckt und daher nur schwer zu beobachten. Am Futterplatz fallen sie dagegen durch ihr kontrastreiches Gefieder und das paar- oder truppweise Erscheinen schnell auf. Im Gegensatz zu anderen größeren Finken sind sie wenig zänkisch und legen sich kaum mit anderen Vögeln an – möglicherweise, weil sie wegen ihrer Knospennahrung nicht auf Fütterungen angewiesen sind. Im Winterhalbjahr gesellen sich zu den heimischen Gimpeln Angehörige der nordischen Unterart, die man mit etwas Übung an ihren tieferen Pfeiflauten erkennen kann.

Das Männchen hat eine rosenrote Unterseite (1). Weibchen mit bräunlichgrauer Unterseite (2). Beide Altvögel füttern die Jungen oft gemeinsam (3). Gelege mit den hellblauen, violett und schwärzlich gemusterten Eiern (kleines Bild links).

1

2

3

1 Bluthänfling
Carduelis cannabina
(Finken)

Der Hänfling ist ein typischer Kleinvogel der Gärten, Friedhöfe und offenen Parks. Teilzieher.
Kennzeichen: Etwas kleiner als Haussperling (14 cm). Männchen im Frühjahr mit kräftiger Rotfärbung an Kopf, Brust und Bürzel und mit kastanienbraunem Rücken. Weibchen und Jungvögel ohne Rot und insgesamt streifig.
Verbreitung: Europa außer Island und Nordskandinavien.
Stimme: Ruft etwas stotternd, nasal »gegegegeg«. Gesang recht wohlklingend und abwechslungsreich aus zwitschernden, trillernden, flötenden, geckernden Tönen.
Lebensraum: Offene Landschaft mit Gehölzen und Hecken, Weinberge; häufig in Friedhöfen, Gärten und Parks.
Brut: 2 Bruten (April bis August). Nest aus Halmen, Wurzeln und Pflanzenfasern meist niedrig in Hecken, Büschen oder Jungbäumen. 4–6 weißliche Eier mit rötlicher oder violetter Fleckung, fast ausschließlich vom Weibchen bebrütet; Brutdauer 12–13 Tage, Nestlingsdauer 14–15 Tage.
Nahrung: Samen von Kräutern und Bäumen, Insekten.

Beobachtungstip: Scheu und vorsichtig. Außerhalb der Brutzeit trifft man Hänflinge vor allem in offenem Gelände an, wo sie nach Wildkräutersamen suchen.

2 Karmingimpel
Carpodacus erythrinus
(Finken)

Der Karmingimpel ist eine östliche Vogelart, die sich bei uns gegenwärtig ausbreitet. Sommervogel; Mai bis September.
Kennzeichen: Etwas kleiner als Haussperling (14 cm). Ältere Männchen mit typischer Rotfärbung an Kopf, Brust und Bürzel. Weibchen und junge Männchen dort ohne Rot.
Verbreitung: Nord- und Osteuropa, Mitteleuropa; bereits an einigen Stellen in Deutschland, Österreich und der Schweiz.
Stimme: Ruft »zlit-zlit« und weich »djui«. Gesang an Pirol erinnernd, eine kurze Flötenstrophe: »dü-dü-di-düidju«.
Lebensraum: Feuchtgebiete mit Weiden, Birken und Erlen, buschreiche Landschaft, Gärten und Parks.
Brut: 1 Brut (Mai bis Juli). Lockeres Nest aus Halmen, kleinen Wurzeln und Haaren, meist niedrig in dichtem Gebüsch. 4–6 hellblaue Eier mit dunkler Musterung. Brutdauer 11–12 Tage, Nestlingsdauer 10–12 Tage.
Nahrung: Knospen, Kätzchen, Samen, Insekten.
Beobachtungstip: Ende Mai und Juni ist die beste Zeit, um singende Karmingimpel zu hören.

Bluthänfling-Männchen (1). Bluthänfling-Weibchen (2). Karmingimpel-Weibchen füttert Junge (3), Karmingimpel-Männchen (4). Gelege des Bluthänflings (kleines Bild links).

1

2/3

4

1 Hakengimpel

Pinicola enucleator
(Finken)

Der Hakengimpel ist ein großer nordischer Finkenvogel, der im Winterhalbjahr auch in Gärten und Parks Skandinaviens kommt. Teilzieher; nicht in Mitteleuropa.
Kennzeichen: Viel größer als Haussperling (20 cm). Schnabel hakig, zwei weiße Flügelbinden. Männchen mit karminrotem, Weibchen mit gelbbräunlichem Gefieder.
Verbreitung: Taiga Mittel- und Nordskandinaviens, Nordfinnlands und Nordrußlands.
Stimme: Lockruf »büt-büt« und klar »tüdli-lüh«. Gesang aus abfallenden Strophen des klaren Lockrufes.
Lebensraum: Lichte Wälder mit Unterwuchs aus Blau- und Preiselbeere, vor allem Fichten- und Kiefernbestände, die an Waldmoore grenzen. Im Winterhalbjahr gern auf Ebereschen.
Brut: 1 Brut (Mai bis Juli). Lockeres Nest aus dünnen Zweigen, Stengeln, Halmen und Flechten, niedrig in einem Nadelbaum. 3–4 Eier, vom Weibchen bebrütet; Brutdauer 13–14 Tage, Nestlingsdauer 15–16 Tage
Nahrung: Samen, Knospen, Beeren, Insekten.
Beobachtungstip: Hakengimpel kommen aus entlegenen Brutgebieten und sind als Wintergäste oft bemerkenswert zutraulich; erscheinen sogar mitten in Städten Skandinaviens, wo sie sich in den Gärten und Parks an Vogelbeeren gütlich tun.

2 Fichtenkreuzschnabel

Loxia curvirostra
(Finken)

Fichtenkreuzschnäbel sind unstete Vögel, die auf der Suche nach reifen Zapfen das ganze Jahr über weit umherziehen. Teilzieher.
Kennzeichen: Größer und kräftiger als Haussperling (17 cm). Spitzen von Ober- und Unterschnabel sind gekreuzt. Gefieder des Männchens ziegelrot, des Weibchens olivgrün. Jungvögel bräunlich gefärbt und stark streifig.
Verbreitung: Nadelwaldgebiete ganz Europas, große Verbreitungslücken.
Stimme: Ruft im Flug durchdringend »kipp-kipp«. Gesang rauh zwitschernd und klirrend mit Flugrufen untermischt. Singt fast das ganze Jahr über.
Lebensraum: Hauptsächlich in Fichtenwäldern vom Tiefland bis zur Baumgrenze; auch in Parks und großen Gärten mit Fichten.
Brut: 1–2 Bruten (zu jeder Jahreszeit, meist aber Dezember bis Mai). Stabiles Nest aus Zweigen, Halmen, Moos und Flechten, in der Regel hoch in Fichten gebaut. 2–4 grünliche oder hellbläuliche Eier mit lilafarbener und brauner Fleckung, vom Weibchen bebrütet; Brutdauer 14–16 Tage, Nestlingsdauer 14–16 Tage.
Nahrung: Samen aus Fichtenzapfen, seltener von anderen Nadelbäumen; Insekten.
Beobachtungstip: Fichtenkreuzschnäbel sind sehr gesellig und erscheinen meist truppweise; man erkennt sie am besten an ihren durchdringenden Flugrufen.

Hakengimpel-Männchen (1). Fichtenkreuzschnabel-Männchen bearbeitet einen Zapfen (2).

1

2

Goldammer

Emberiza citrinella
(Ammern)

Die Goldammer ist in offener Landschaft vielfach die häufigste Singvogelart. Teilzieher.

Kennzeichen: Etwas größer, schlanker und langschwänziger als Haussperling (16,5 cm). Wichtigstes Feldkennzeichen ist der zimtbraune Bürzel, im Flug sieht man die weißen Schwanzkanten. Männchen mit auffälliger Gelbfärbung von Kopf und Unterseite; Weibchen zur Brutzeit mit weniger Gelb und stärker gestreifter Unterseite, im ersten Winter sind sie olivbräunlich gefärbt und haben noch kein Gelb.

Verbreitung: Ganz Europa außer Island sowie dem größten Teil der Iberischen Halbinsel.

Stimme: Ruft häufig »zrik«, »tzü« oder »zürr«. Gesang eine einfache, etwas melancholisch klingende Strophe, die mit einigen hohen Tönen beginnt: »zi-zi-zi-zi-zi-zi-züh« – wird im Volksmund häufig mit »Wie wie wie hab' ich Dich lieb« umschrieben. Jedes Männchen verfügt über mehrere verschiedene Strophentypen.

Lebensraum: Kleinräumige Feldflur mit Buschgruppen, Gehölzen und Hecken, an Waldrändern und in Nadelbaumkulturen; häufig an Dorfrändern, in Gärten und offenen Parks.

Brut: 2 Bruten (April bis Juli). Gut verstecktes, napfförmiges Nest aus Halmen, Stengeln, Moos, Blättern und feinem Pflanzenmaterial, meist niedrig im bodennahen Gebüsch zwischen hochwachsendem Gras gebaut; viele Nester sind an Böschungen zu finden. 3–5 weißliche Eier mit unregelmäßig angeordneter, grauer und dunkelrötlicher Kritzelung, in der Regel vom Weibchen bebrütet; Brutdauer 12–14 Tage, Nestlingsdauer 11–14 Tage.

Nahrung: Samen, Knospen, Insekten, Spinnen, Getreide.

Beobachtungstip: In flimmernder Sommerhitze ist die Goldammer oft der einzige Singvogel, der unermüdlich seinen Gesang vorträgt; meist sitzt das Männchen dabei auf einer Buschspitze oder Telegraphenleitung. Im Winter sieht man Goldammern häufig an Dorfrändern und Gehöften, wo sie am Boden nach Freßbarem suchen; häufig finden sie sich in Gesellschaft mit Finken und Feldsperlingen an Futterstellen mit Getreideabfällen ein. Bereits Ende Februar kann man an milden Wintertagen die ersten Gesangsstrophen hören; sie klingen jedoch noch etwas stümperhaft und müssen fleißig geübt werden.

Das Männchen singt oft noch im Hochsommer; der artkennzeichnende zimtbraune Bürzel ist deutlich zu sehen (1). Weibchen sind ausgeprägter gestreift (2). Junge Goldammern kurz nach Verlassen des Nests (3). Die Eier sind mit unregelmäßigen Kritzeln gemustert (kleines Bild links).

1

2

3

1 Ortolan

Emberiza hortulana
(Ammern)

Der Ortolan ist bei uns ein seltener Brutvogel, der nur in warmen Flachlandgegenden vorkommt. Sommervogel; April bis Oktober.
Kennzeichen: Größe wie Goldammer (16,5 cm); von dieser am besten durch den grauen Kopf und die schwefelgelbe Färbung von Augenring und Bartstreif zu unterscheiden. Weibchen weniger kontrastreich gefärbt, unterseits mit etwas Streifung.
Verbreitung: Europa außer Island, Teilen Nordeuropas, den Britischen Inseln und Teilen der Iberischen Halbinsel. Überwintert in Afrika südlich der Sahara.
Stimme: Ruft häufig »psie« oder kurz »tjüp«. Gesang eine etwas melancholische Strophe: »zri-zri-zri-zri-drü-drü-drü«.
Lebensraum: Abwechslungsreiches Kulturland mit Feldgehölzen, Baumreihen oder Einzelbäumen, gern in Hanglage und oft in der Nähe eines Feuchtgebietes; Obstgärten und offene Parks.
Brut: 1–2 Bruten (Mai bis Juli). Nest aus trockenen Stengeln, Grashalmen, Wurzeln und Tierhaaren – meist am Boden unter Büschen, gut versteckt in der Vegetation. 4–6 blaß rosafarbene Eier mit dunklen Flecken und Linien, vom Weibchen bebrütet. Brutdauer 12–14 Tage, Nestlingsdauer 10–13 Tage.
Nahrung: Samen, grüne Pflanzenteile, Insekten.
Beobachtungstip: Ortolane sind scheu und störungsempfindlich. Außerhalb der Brutzeit meist in kleinen Trupps.

2 Zaunammer

Emberiza cirlus
(Ammern)

Die Zaunammer ist in Mitteleuropa inselartig in warmen Gegenden des Südwestens verbreitet. Teilzieher.
Kennzeichen: Größe wie Goldammer, wirkt aber plumper (16,5 cm). Männchen mit schwarz-gelb gestreiftem Kopf und schwarzer Kehle unverkennbar, Weibchen sehr ähnlich dem Goldammer-Weibchen, aber mit weniger Gelb und mit graubraunem, statt zimtbraunem Bürzel.
Verbreitung: Iberische Halbinsel bis Südengland, Nordfrankreich und westliches Mitteleuropa; Süd- und Südosteuropa, Nordafrika. Bei uns nur in Rheinland-Pfalz.
Stimme: Ruft häufig »zieh« oder scharf »zitt«. Der Gesang erinnert an Klappergrasmücke – monoton »zi-zezezezeze«.
Lebensraum: Offene, mit Büschen und Bäumen bestandene Landschaft, meist an sonnigen Hängen, in Weinbergen und Obstgärten, in Parks und Gärten an Dorfrändern.
Brut: 2 Bruten (Mai bis August). Nest aus Halmen, Moos, Bast, Wurzeln und Tierhaaren, oft unter einem Busch oder an einer niedrigen Mauer. 3–5 weißliche bis helllila gefärbte Eier mit dunkelbraunen Flecken, vom Weibchen bebrütet; Brutdauer 12–13 Tage, Nestlingsdauer 14–15 Tage.
Nahrung: Samen, Insekten.
Beobachtungstip: Zaunammern sind trotz der auffälligen Färbung des Männchens unauffällige Kleinvögel, die schwer zu beobachten sind; am besten erkennt man sie an ihrem Gesang.

Ortolan-Männchen (1).
Zaunammer-Männchen (2).

1

2

1 Mauersegler
(Apus apus)

Mauersegler gehören mit ihren schrillen Rufen und dem sichelförmigen Flugbild in die sommerliche Stadt- und Dorflandschaft. Sommervogel; Mai bis August.
Kennzeichen: Größer als Schwalben (16,5 cm). Schwärzliches Gefieder, das nur an Kinn und Kehle aufgehellt ist. Jungvögel wirken durch helle Federränder etwas schuppig.
Verbreitung: Ganz Europa außer Island und Teilen Nordeuropas. Überwintert im tropischen Afrika.
Stimme: Ruft hoch und durchdringend »srieh«.
Lebensraum: Über Städten, Dörfern und der freien Landschaft.
Brut: 1 Brut (Mai bis August). Flaches Napfnest aus im Flug gesammelten Halmen, Blättern und Federn, mit Speichel verklebt, meist in dunklen Hohlräumen unter Dächern, in Mauerlöchern oder Nistkästen. 2 längliche, weiße Eier, vom Männchen und Weibchen bebrütet; Brutdauer 18–25 Tage, Nestlingsdauer 5–7 Wochen.
Nahrung: Fliegende Insekten und »an Fäden reisende« Spinnen.
Beobachtungstip: Mauersegler sind so weit an den Luftraum angepaßt, daß man sie nur ausnahmsweise am Boden antrifft. Oft fliegen sie zu mehreren mit hohem Tempo um die Hausecken und rufen dabei gellend im Chor.

2 Eisvogel
(Alcedo atthis)
(Eisvögel)

Der Eisvogel ist unser farbenprächtigster Kleinvogel und dennoch leicht zu übersehen. Teilzieher.
Kennzeichen: Nicht viel größer als Haussperling (16,5 cm). Mit seinem türkisblau-rostroten Gefieder und dem kurzen Schwanz kaum mit einem anderen heimischen Vogel zu verwechseln. Weibchen mit roter unterer Basis des sonst schwarzen Schnabels.
Verbreitung: Europa, im Norden bis Schottland, Südschweden und Südfinnland.
Stimme: Ruft durchdringend »ziiht«. Gesang aus variierten Rufen und hell trillernden Lauten.
Lebensraum: Klare Bäche und Flüsse mit deckungsreichem Rand und steilen Uferbereichen für die Anlage der Bruthöhle. Außerhalb der Brutzeit an Gewässern aller Art, häufig auch in Parks.
Brut: 2–3 Bruten (März bis August). Gräbt eine bis zu 1 m lange Röhre mit erweitertem Brutraum in senkrechte Abbrüche. 5–7 weiße Eier, vom Männchen und Weibchen bebrütet; Brutdauer 18–21 Tage, Nestlingsdauer 23–26 Tage.
Nahrung: Kleine, schlanke Fische, Wasserinsekten.
Beobachtungstip: Der Eisvogel sitzt oft bewegungslos auf einem Ast über dem Wasser und lauert auf vorbeischwimmende Fische.

Mauersegler (1). Eisvogel-Weibchen (2).
Eisvogel-Bruthöhle (kleines Bild links).

1

2

1 Wiedehopf

(Upupa epops)
(Wiedehopfe)

Der Wiedehopf ist ein Charaktervogel südeuropäischer Obstgärten, Parks und Olivenhaine. Sommervogel; April bis September.
Kennzeichen: Größe wie Amsel (27 cm). Kontrastreich gefärbt mit orangebräunlichem Rumpfgefieder und schwarz-weißem Muster auf Flügeln und Schwanz; fächerbare Federhaube mit schwarzen Spitzen.
Verbreitung: Europa, im Norden bis Nordfrankreich, Südschweden und Estland. In Deutschland sehr selten und nur gebietsweise im Tiefland. Überwintert in Südspanien und Afrika.
Stimme: Der Reviergesang ist ein dumpf hupendes und recht weit hörbares »up-up-up«.
Lebensraum: Lichte Wälder mit alten Bäumen, Ödland, Gärten, Weinberge, Olivenhaine, Obstgärten und Parks.
Brut: 1 Brut (Mai bis Juli). Nest in Baumhöhlen, Astlöchern, Mauerlöchern, Steinhaufen und in großen Nistkästen. 5–7 hellgraue Eier, vom Weibchen bebrütet; Brutdauer 16–18 Tage, Nestlingsdauer 23–26 Tage.
Nahrung: Große Insekten und deren Larven, die häufig aus Dung hervorgestochert werden.
Beobachtungstip: Der Wiedehopf ist im Flug mit seinem Schwarz-Weiß-Muster auf Flügeln und Schwanz eine auffällige Erscheinung und erinnert an einen großen Schmetterling, am Boden macht er sich oft schlank und ist dann schwer zu entdecken.

2 Wendehals

Jynx torquilla
(Spechte)

Der Wendehals ist ein Specht, der eigentlich eher wie ein Singvogel aussieht. Sommervogel; April bis September.
Kennzeichen: Kleiner als Amsel (16,5 cm), kurzer, singvogelartiger Schnabel. Gefieder baumrindenfarben; Flug wellenförmig mit langen Gleitstrecken.
Verbreitung: Europa außer Island, den Britischen Inseln und Teilen der Iberischen Halbinsel. Überwintert im tropischen Afrika.
Stimme: Ruft manchmal zischend »gschrih« oder »teck-teck-teck«. Gesang aus kläglich klingenden, anschwellenden »gjegjegjegje...«-Reihen.
Lebensraum: Lichte Laubwälder, Obstgärten, Friedhöfe, Parks und große Gärten mit alten Laubbäumen.
Brut: 1–2 Bruten (Mai bis August). 6–10 weiße Eier, die ohne Nistmaterial in Baumhöhlen oder Nistkästen gelegt und vom Männchen und Weibchen bebrütet werden; Brutdauer 12–14 Tage, Nestlingsdauer 20–22 Tage.
Nahrung: Vor allem Ameisenpuppen, auch andere Insekten.
Beobachtungstip: Der Wendehals lebt sehr verborgen und ist durch sein Tarngefieder nur schwer zu entdecken. Man kann den seltenen Spechtvogel durch Anbringen von Nistkästen (Schlupfloch-Durchmesser 46–50 mm) helfen. Im Gegensatz zu anderen Spechten zimmert er sich keine eigene Bruthöhle, sondern ist auf fertige Höhlen angewiesen.

Der Wiedehopf stellt bei Erregung die Haube auf (1). Altvogel an der Bruthöhle (2). Wendehals mit Ameisenpuppen an der Bruthöhle (3). Wendehals (4).

1 Grünspecht

Picus viridis
(Spechte)

Der Grünspecht macht sich eher durch seine laute, lachende Stimme als durch Trommeln bemerkbar. Jahresvogel

Kennzeichen: Viel größer als Amsel (32 cm). Oberseite grün, roter Scheitel, leuchtend gelber Bürzel. Männchen mit rotem, schwarz umrandetem Bartstreif, Weibchen mit schwarzem Bartstreif.

Verbreitung: Europa außer Island und Teilen Nordeuropas.

Stimme: Ruft im Flug »kü-kü-kjück«. Reviergesang ist ein lautes, lachendes »»klü-klü-klü...«.

Lebensraum: Laubwälder, Feldgehölze, Obstgärten, Alleen, Gärten und Parks mit alten Bäumen.

Brut: 1 Brut (April bis Juli). Brütet in selbstgezimmerten oder übernommenen Höhlen. 5–8 weiße Eier, vom Männchen und Weibchen bebrütet; Brutdauer 14–16 Tage, Nestlingsdauer 23–27 Tage.

Nahrung: Ameisen und deren Puppen, andere Insekten, Würmer, Schnecken, Obst.

Beobachtungstip: Im Winter graben sich Grünspechte sogar durch den Schnee zu Ameisenhaufen durch; dabei entstehen charakteristische Löcher.

2 Grauspecht

Picus canus
(Spechte)

Grauspechte machen sich vor allem durch ihren Reviergesang und den Trommelwirbel (rund 2 Sekunden Dauer) bemerkbar.

Kennzeichen: Größer als Amsel (26 cm). Oberseite grüngelb mit gelbem Bürzel, Kopf und Hals grau; Gefieder insgesamt mehr grau als beim Grünspecht. Männchen mit intensiver Rotfärbung von Stirn und Vorderscheitel und mit schwarzem Bartstreif; Weibchen ganz ohne Rot.

Verbreitung: Europa außer Island, dem größten Teil Nordeuropas, den Britischen Inseln, der Iberischen und Apennin-Halbinsel sowie dem nördlichen Mitteleuropa.

Stimme: Ruft oft etwas rauh »kjü« oder gepreßt »kjük«. Reviergesang ist eine weit hörbare, etwas kläglich klingende, abfallende Strophe aus »gü«-Lauten.

Lebensraum: Laub- und Mischwälder, auch in Obstgärten, Parks und Friedhöfen.

Brut: 1 Brut (Ende April bis Juli). Zimmert seine Baumhöhle selbst oder bezieht eine vorhandene Spechthöhle. 7–9 weiße Eier, vom Männchen und Weibchen bebrütet; Brutdauer 15–17 Tage, Nestlingsdauer 24–25 Tage.

Nahrung: Hauptsächlich Ameisenpuppen und Ameisen, andere Insekten, Beeren, Obst, Samen.

Beobachtungstip: Im Winter besucht der Grauspecht gerne Fütterungen für Kleinvögel.

Grünspecht-Männchen (1). Grünspecht-Weibchen (4). Grauspecht-Männchen (2). Grauspecht-Weibchen (3). Grünspecht-Männchen an der Bruthöhle (kleines Bild links).

Buntspecht

Dendrocopus major
(Spechte)

Der Buntspecht ist unser häufigster Specht und vielerorts ein vertrauter Anblick in den Gärten und Parks. Jahresvogel.

Kennzeichen: Kleiner als Amsel (23 cm). Schwarz-weiß-roter Specht mit auffallenden weißen Schulterflecken und intensiv roter Steißregion. Männchen mit rotem Hinterkopffleck. Scheitel bei Jungvögeln rot, Steißregion heller rosafarben.

Verbreitung: Fast ganz Europa, mit Ausnahme von Island, Irland und dem höchsten Norden.

Stimme: Ruft häufig metallisch »kick«, bei Beunruhigung schnell wiederholt. Im Frühjahr verfolgen sich die Partner eines Brutpaares mit heiseren »rä-rä..«-Rufen durch die Baumwipfel.

Lebensraum: Wälder aller Art, vor allem aber mit Eichen und Hainbuchen; häufig in Parks und Gärten mit höheren Bäumen, auch mitten in Großstädten.

Brut: 1 Brut (April bis Juni). Buntspechte zimmern jedes Jahr eine neue Bruthöhle und schaffen somit Brutmöglichkeiten auch für andere höhlenbewohnende Vögel und Säugetiere. 5–7 weiße Eier, vom Männchen und Weibchen be-

brütet; Brutdauer 10–12 Tage, Nestlingsdauer 21–23 Tage.

Nahrung: Im Holz lebende Insekten und deren Larven, besonders von Käfern und Schmetterlingen; Baumsaft; Eier und Junge von anderen Vögeln werden oft erbeutet, indem der Specht die Nistkästen seitlich aufhackt. Im Winter vor allem Nadelbaumsamen, Nüsse, Talg.

Beobachtungstip: Das für Spechte typische Trommeln hat eine revieranzeigende Funktion wie der Gesang und ist somit ein wichtiges artkennzeichnendes Merkmal. Den Buntspecht charakteresiert ein relativ kurzer, am Anfang betonter Trommelwirbel von durchschnittlich 0,5 Sekunden Dauer. In Baumspalten eingeklemmte Baumfrüchte geben ebenfalls Hinweise auf seine Anwesenheit. Der Vogel erweitert oft vorhandene Spalten mit gezielten Schnabelhieben, um sie paßgerecht zu machen für Zapfen und Nüsse, die er in diesen »Spechtschmieden« geschickt bearbeitet. Gelegentlich kann man den Specht bei der Zapfenernte beobachten. Mit dem einen Fuß umfaßt er den fruchttragenden Zweig, mit dem anderen den Zapfenansatz; dann hackt er mit mehreren gezielten Schlägen den Stiel durch und packt den Zapfen an dessen dickerem Ende. Mit dem Zapfen fliegt er nun zu seiner Schmiede, um dort die Samen herauszuholen.

Weibchen ohne Rot am Kopf (1). Jungvogel mit rotem Scheitel (2). Männchen (mit rotem Hinterkopffleck) beim Bearbeiten eines Zapfens in der »Spechtschmiede« (kleines Bild links).

1

2

1 Mittelspecht
Dendrocopus medius
(Spechte)

Ein Charaktervogel in Parks mit alten Eichen. Jahresvogel.

Kennzeichen: Etwas kleiner als Buntspecht (22 cm), mit kleinerem Schnabel, vollständig rotem Scheitel, rosafarbener Steißregion, deutlich gestrichelter Unterseite und ohne schwarzen Bartstreif.

Verbreitung: Nordspanien, Frankreich, Mittel-, Ost- und Südosteuropa. Fehlt lokal.

Stimme: Ruft weich »gük«. Ein quäkendes »gwää-gwää-gwää-gwää« ist fast ganzjährig zu hören.

Lebensraum: Alte Laubwälder des Tieflandes mit Eichen und Hainbuchen, in Auwäldern, Obstgärten und Parks.

Brut: 1 Brut (April bis Juni). Zimmert seine Bruthöhle in morsche Stämme und größere Äste. 5–6 weiße Eier, vom Männchen und Weibchen bebrütet; Brutdauer 11–13 Tage, Nestlingsdauer 21–23 Tage.

Nahrung: Verschiedene Insekten, Baumfrüchte, Talg.

Beobachtungstip: Der Mittelspecht stochert in der Baumrinde und in Baumspalten nach Insekten oder liest Beutetiere, die auf Zweigen oder Ästen sitzen, ab.

2 Kleinspecht
Dendrocopus minor
(Spechte)

Der Kleinspecht ist unser kleinster Specht. Jahresvogel.

Kennzeichen: Größe wie Haussperling (14,5cm), kleiner Schnabel. Männchen mit rotem, schwarz eingerahmten Scheitel; Weibchen gänzlich ohne Rot.

Verbreitung: Europa außer Island, den Britischen Inseln und Teilen der Iberischen Halbinsel.

Stimme: Im Frühjahr hört man häufig an Turmfalken erinnernde Strophen: »ki-ki-ki-ki-ki...«.

Lebensraum: Laub-, Misch- und Auwälder mit alten Bäumen, Parks mit alten Weiden.

Brut: 1 Brut (April bis Juni). Zimmert sich eine Höhle in morsche Stämme oder Äste. 4–5 weiße Eier, vom Männchen und Weibchen bebrütet; Brutdauer 10–12 Tage, Nestlingsdauer 19–21 Tage.

Nahrung: Insekten auf Zweigen und unter der Rinde; Sonnenblumenkerne.

Beobachtungstip: Kleinspechte sind wegen ihrer geringen Größe und der unauffälligen Lebensweise in den Baumkronen nur schwer zu entdecken. Daher ist die Kenntnis ihrer Lautäußerungen und der Instrumentallaute wichtig. Männchen und Weibchen trommeln im Frühjahr in langen, 1–1,2 Sekunden dauernden Wirbeln auf trockenen Ästen. Klingt schwächer als beim Buntspecht und wird meist einmal in kurzem Abstand wiederholt. Der Kleinspecht besucht manchmal Fütterungen für Kleinvögel, wo er es vor allem auf Sonnenblumenkerne abgesehen hat.

Mittelspecht (1). Kleinspecht-Männchen (2). Kleinspecht-Weibchen an der Höhle (kleines Bild links).

1

2

Kuckuck

Cuculus canorus
(Kuckucke)

Der Kuckuck gehört zu den bekanntesten Vögeln überhaupt, denn er hat eine leicht einzuprägende Stimme und kommt in fast jedem Landschaftstyp vor. Sommervogel; Mai bis September.

Kennzeichen: Kleiner als Stadttaube (33 cm). Gefiedermuster erinnert wegen der grauen Oberseite und der quergebänderten Unterseite an Sperber, Kuckuck jedoch mit spitzeren Flügeln. Weibchen mit angedeutetem Brustband. Eine seltene Artvariante, vor allem bei Weibchen, ist rotbraun gefärbt und am ganzen Körper gebändert. Jungvögel wie die seltene Variante überall gebändert, aber mehr bräunlich oder schiefergrau gefärbt und mit weißlichem Nackenfleck, wirken oberseits durch helle Federränder »schuppig«.

Verbreitung: Ganz Europa außer Island; Nordwestafrika. Überwintert in Afrika südlich der Sahara.

Stimme: Vom Weibchen hört man zur Brutzeit einen lauten, »losberstenden« Triller. Der Reviergesang des Männchens ist der allbekannte »Kuckucksruf«: »kuck-kuh kuck-kuh...« oder, bei stärkerer Erregung, »kuckuck-kuu«.

Lebensraum: Bewohnt fast alle naturnahen Lebensräume außer zu dichten Wald oder völlig offene Landschaft. Gerne in halboffenen, abwechslungsreichen Gegenden mit guten Singvogelbeständen; auch in vielen größeren Parks anzutreffen.

Brut: Mai bis Juli. Jedes Weibchen ist auf eine bestimmte Wirtsvogelart spezialisiert und legt stets Eier des gleichen Typs; plaziert bis zu 20 Eier jeweils einzeln in verschiedene Singvogelnester. Brutdauer 11–12 Tage, Nestlingsdauer 19–24 Tage. Häufige Kuckuckswirte sind Bachstelze, Wiesenpieper, Heckenbraunelle, Haus- und Gartenrotschwanz, Teichrohrsänger, Gartengrasmücke, Rotkehlchen. Das Kuckucks-Weibchen findet geeignete Nester durch intensives Beobachten von möglichen Wirtsvögeln. Nach mehrmaligen Besuchen des entdeckten Nestes wird der geeignete Zeitpunkt für die Eiablage herausgefunden. Bevor das Weibchen ein Ei in das fremde Nest legt, ergreift es auch häufig ein Wirtsvogelei und verschluckt es.

Nahrung: Vorwiegend stark behaarte Raupen, aber auch andere Insekten wie Heuschrecken und Käfer.

Beobachtungstip: Den Kuckuck sieht man meist im Flug; die Flugsilhouette ist falkenähnlich, der flache Flügelschlag wirkt kraftlos.

Der Kuckuck ähnelt im Gefieder einem Sperber (1). Nach dem Ausfliegen macht der junge Kuckuck durch laute Bettelrufe auf sich aufmerksam (2). Zieheltern junger Kuckucke sind oft Teichrohrsänger (3). Gelege einer Gartengrasmücke mit Kuckucksei (kleines Bild links).

1

2

3

Schleiereule

Tyto alba
(Schleiereulen)

Schleiereulen sind ausgeprägt nachtaktiv und verbringen den Tag in einem dunklen Schlupfwinkel. Jahresvogel.

Kennzeichen: Größe etwa wie Stadttaube (35 cm). Auffallend hell und hochbeinig und mit großem, herzförmigem Gesichtsschleier und relativ kleinen, schwarzen Augen. Gefieder oberseits goldbraun; unterseits weiß bis gelblichweiß – entweder ungezeichnet oder mit dunklen, tropfenförmigen Tupfen.

Verbreitung: Europa außer Island, Nordeuropa und dem größten Teil Osteuropas. Fehlt gebietsweise in Mitteleuropa.

Stimme: Zu Beginn der Brutzeit äußern Männchen und Weibchen kreischende und schnarchende Laute. Reviergesang des Männchens ist ein heiseres und vibrierendes Fauchen »chrürürürü...«, das rund 2 Sekunden dauert.

Lebensraum: Kulturfolger in halboffener Landschaft an Dorfrändern. Jagt über anschließenden offenen Flächen, häufig an Wegen in Parks und Anlagen. Bei uns ist die Schleiereule im Tiefland zwar weit verbreitet, aber meist selten.

Brut: 1–3 Bruten (April bis September). Nistet in Nischen von Dachstühlen, Kirchtürmen, Scheunen und ähnlichen Gebäuden, die vor Störungen geschützt sind. 2–10 (15) weiße Eier, vom Weibchen bebrütet; Brutdauer 30–34 Tage, Nestlingsdauer rund 2 Monate.

Nahrung: Wühlmäuse, Langschwanzmäuse; Spitzmäuse meist nur in Jahren mit geringer Wühlmausdichte; gelegentlich auch Vögel, Frösche, Insekten. Das Hauptbeutetier unserer Schleiereulen ist die Feldmaus (90 Prozent der Beutetiere). Sind die Feldmäuse knapp, kann die Schleiereule bis zu 50 Prozent ihrer Nahrung auch mit Spitzmäusen bestreiten. Diese sind zwar weniger beliebt, lassen sich aber von den akustisch jagenden Eulen leichter erbeuten als Wühlmäuse, da sie fast ständig zwitschern.

Beobachtungstip: Schleiereulen lassen sich mit Hilfe von speziellen Nistkästen an ruhigen Gebäuden in strukturreicher Kulturlandschaft erfolgreich ansiedeln. In strengen Wintern erleiden die Bestände große Verluste; hier kann den Vögeln wirkungsvoll geholfen werden, indem man Scheunen und andere unbewohnte Gebäude offenhält, damit sie im Inneren Mäuse fangen können. Durch ausgestreute Dreschabfälle lassen sich die Nager leicht anlocken.

Schleiereulen jagen wegen des guten Mäuseangebotes oft in Scheunen (1). Ein Altvogel kommt mit einer erbeuteten Feldmaus von der Jagd zurück (2). Die Eier werden in einem dunklen Schlupfwinkel abgelegt (kleines Bild links).

Waldkauz

Strix aluco
(Eulen)

Der Waldkauz ist unsere häufigste Eule und den meisten Menschen zumindest durch seine schaurigen Lautäußerungen bekannt, die häufig in Filmen eingespielt werden, um Gruselstimmung zu erzeugen. Jahresvogel.

Kennzeichen: Größer als Stadttaube (38 cm). Eine kräftige, gedrungene Eule mit großem Kopf und großen schwarzen Augen. Gefieder baumrindenartig gemustert mit grauer oder (seltener) brauner Grundfärbung. Im Flug fallen vor allem die breiten, runden Flügel mit quergebänderter Unterseite sowie der große, runde Kopf auf.

Verbreitung: Europa außer Island, Irland und dem größten Teil Nordeuropas.

Stimme: Weibchen rufen häufig gellend »kju-itt«. Bereits ab Herbst ist der Reviergesang des Männchens, ein schaurig klingendes, vibrierendes »huuh hu-hu-hu-huuh« zu hören.

Lebensraum: Nicht zu dichte Laub- und Mischwälder mit zumindest einzelnen alten Bäumen; häufig in Parks und großen Gärten mit alten Bäumen, auch mitten in Dörfern und Städten.

Brut: 1 Brut (Februar bis Mai). Nistet in großen Baumhöhlen, in alten Krähen- und Greifvogelnester; auch in dunklen und ruhigen Ecken von Gebäuden und in großen Nistkästen. 3–5 weiße Eier, vom Weibchen bebrütet; Brutdauer 28–30 Tage, Nestlingsdauer 29–35 Tage.

Nahrung: Die in der Nahrungswahl weitaus vielseitigste heimische Eule: Mäuse und Wühlmäuse, Ratten, Spitzmäuse, Vögel, Frösche, Kröten, Fische, große Insekten.

Beobachtungstip: Häufig sitzen die ansonsten strikt nachtaktiven Waldkäuze tagsüber bei gutem Wetter vor ihrer Baumhöhle, um sich zu sonnen; nicht selten werden dann Kleinvögel auf den »Todfeind« aufmerksam und bedenken den Kauz mit zeternden Warnrufen. Während der Brutzeit sollte man auf keinen Fall dem Nistplatz zu nahe kommen, denn die Käuze sind dann sehr aggressiv und greifen auch Menschen gelegentlich an; ein namhafter (zu neugieriger) Ornithologe verlor durch die Attacke eines Waldkauzes ein Auge. Bei Mangel an Baumhöhlen nimmt der Waldkauz gerne geräumige Nistkästen an; man sollte den Vogel jedoch nur dort fördern, wo er seltene Kleineulen (Rauhfuß-, Sperlings- und Steinkauz) nicht gefährden kann, denn er betrachtet die kleineren Verwandten als willkommene Beute.

Der Waldkauz hat einen runden Kopf und auffallend große, schwarze Augen (1). Die Jungen tragen anfangs ein weißes Dunenkleid (2). Jungvogel im braunen Jugendkleid (kleines Bild links).

1

2

1 Waldohreule

Asio otus
(Eulen)

Die Waldohreule sitzt tagsüber versteckt in Bäumen, meist dicht am Stamm, so daß sie nur schwer zu entdecken ist. Jahresvogel.

Kennzeichen: Größe etwa wie Stadttaube (36 cm). Gefieder baumrindenfarben; lange Federohren; orangegelbe Augen.

Verbreitung: Europa außer Island und großen Teilen Nordeuropas; auf der Iberischen Halbinsel und im südlichen Italien nur im Winterhalbjahr.

Stimme: Ruft bei Gefahr gellend »uäk«. Männchen »singen« während der Balz relativ leise und dumpf »huh«. Jungvögel verraten ihren Standort mit klagenden und etwas vibrierenden »zieh«-Rufen.

Lebensraum: Feldgehölze, Waldrandbereiche, Alleen, Parks und Friedhöfe.

Brut: 1 Brut (März bis Juni). Gelege in Horsten von Krähen und Elstern, manchmal auch von Tauben oder Greifvögeln. 3–8 Eier, vom Weibchen bebrütet; Brutdauer 27–28 Tage, Nestlingsdauer 25–28 Tage.

Nahrung: Vor allem Wühlmäuse wie die Feldmaus, auch Waldmäuse und Kleinvögel.

Beobachtungstip: Im Winterhalbjahr kann man Waldohreulen als Wintergäste in Gärten und Parks sogar mitten in der Stadt antreffen; dort ruhen sie tagsüber in Gemeinschaften bis zu mehreren Dutzend Vögeln in Bäumen.

2 Zwergohreule

Otus scops
(Eulen)

Das monoton wiederholte »dju« der Zwergohreule ist in den nächtlichen Gärten und Parks in Südeuropa eine vertraute Tierstimme. Kommt nicht bei uns vor. Sommervogel, April bis September.

Kennzeichen: Kleiner als Amsel (19 cm). Rindenartiges, fein meliertes Tarngefieder und oft deutlich sichtbare Federohren.

Verbreitung: Südeuropa bis Nordfrankreich, Teile Osteuropas; sehr selten im südlichsten Mitteleuropa.

Stimme: Reviergesang ist ein in regelmäßigen Abständen wiederholtes »dju«.

Lebensraum: Halboffene Kulturlandschaft mit Gehölzen, Olivenhainen, Obstgärten, Waldrändern; große Gärten und Parks.

Brut: 1 Brut (Mai bis Juli). Nistet in Baumhöhlen, Nischen in Gemäuern, Felslöchern oder in Nistkästen. 3–7 weiße Eier, vom Weibchen bebrütet; Brutdauer 23–29 Tage, Nestlingsdauer 21–29 Tage.

Nahrung: Große Insekten wie Käfer und Grillen; Spinnen, Regenwürmer, Kleinsäuger, Laubfrösche, Kleinvögel.

Beobachtungstip: Mit speziellen Nistkästen kann man Zwergohreulen auch in Dörfern ansiedeln.

Waldohreule (1). Zwergohreule (2). Junge Waldohreule (kleines Bild links).

1 Sperlingskauz
Glaucidium passerinum
(Eulen)

Der Sperlingskauz ist die kleinste Eule Europas. Jahresvogel.

Kennzeichen: Größe etwa wie Star (17 cm). Typisch sind der kleine, flache Kopf und die gelben Augen. Flug spechtartig.

Verbreitung: Nord- und Osteuropa; in Mitteleuropa hauptsächlich in Gebirgsgegenden.

Stimme: Ruft bei Beunruhigung »gju«. Weibchen rufen hell »siiiie«. Reviergesang von Männchen und Weibchen pfeifend »pjü pjü pjü«. Im Herbst hört man von ihnen schnell ansteigende Pfeiftöne (»Tonleiter«).

Lebensraum: Aufgelockerte Nadelwälder mit einigen Laubbäumen, kleinen Mooren und Lichtungen; neuerdings auch in Tieflandforsten.

Brut: 1 Brut (April bis Juni). 3–7 weiße Eier, vom Weibchen bebrütet; Brutdauer 28–29 Tage, Nestlingsdauer 30–34 Tage.

Nahrung: Vorwiegend Mäuse, daneben auch Kleinvögel, besonders Meisen und Finken.

Beobachtungstip: In Wäldern mit besetzten Sperlingskauzrevieren beginnen Kleinvögel auf dessen Reviergesang oder Tonleiter hin sofort mit intensiven Warnrufen. Der Sperlingskauz jagt in Skandinavien oft Kleinvögel an Futterstellen.

2 Steinkauz
Athene noctua
(Eulen)

Der Steinkauz ist bei uns ein typischer Kulturfolger. Jahresvogel.

Kennzeichen: Kleiner als Stadttaube (22 cm), gedrungen und kurzschwänzig mit flachem Kopf und großen, schwefelgelben Augen. Oberseite dunkelbraun, dicht weiß gefleckt.

Verbreitung: Europa außer Island, Irland und Nordeuropa.

Stimme: Ruft durchdringend »quitt«. Lockruf ansteigend »uuhg«. Reviergesang des Männchens ist ein langgezogenes »huui« oder »kiwau«.

Lebensraum: Offene, vielfältige Kulturlandschaft des Tieflandes mit höchstens kleinen Gehölzen; Wiesengelände mit Kopfweiden, Obstgärten an Dorfrändern.

Brut: 1 Brut (April bis Juni). Nistet in Baumhöhlen oder Höhlungen im Gemäuer, aber auch in Nistkästen. 3–5 weiße Eier, vom Weibchen bebrütet; Brutdauer 24–26 Tage, Nestlingsdauer 34–36 Tage.

Nahrung: Vor allem Mäuse, aber auch Kleinvögel, große Insekten, Spinnen, Frösche, Eidechsen und Regenwürmer.

Beobachtungstip: Der Steinkauz ist häufig auch bei Tage zu sehen. Man hilft ihm durch das Anbringen spezieller Nisthöhlen.

Sperlingskauz (1). Steinkauz (2).
Junge Steinkäuze (kleines Bild links).

1

2

Turmfalke

Falco tinnunculus
(Falken)

Der Turmfalke ist der häufigste und weitverbreitetste kleine Taggreifvogel Europas; fast überall in unserer Kulturlandschaft anzutreffen. Teilzieher.

Kennzeichen: Kleiner als Rabenkrähe (33–37 cm), ziemlich langschwänzig. Rücken beim Männchen ziegelrot mit schwarzen Tropfenflecken, Oberkopf, Wangen und Schwanz (bis auf die breite schwarze Endbinde) sind grau; keine deutliche Querbänderung. Weibchen oberseits rotbraun mit kräftiger dunkler Fleckung und Querbänderung, unterseits stärker gefleckt als Männchen, Schwanz braunschwarz gebändert und mit schwarzer Endbinde.

Verbreitung: Ganz Europa außer Island und dem höchsten Norden.

Stimme: Ruft häufig, besonders zur Balz- und Brutzeit laut und schnell »kikikikiki...«, vibrierend »wriii« oder kurz »zick«.

Lebensraum: Offene Kulturlandschaft mit Gehölzen, Waldrändern, Dörfern; auch mitten in Städten; häufig in Parks mit ausgedehnten Wiesen und anderen Flächen mit kurzer Vegetation, die sich für die Mäusejagd eignen.

Brut: 1 Brut (April bis Juni). Brütet in verlassenen Krähen- und Elsternestern, Felsspalten und in Mauerlöchern auf hohen Gebäuden wie Kirchtürmen. 4–6 gelbliche, rotbraun gefleckte Eier, vom Weibchen bebrütet; Brutdauer 28–29 Tage, Nestlingsdauer 28–32 Tage.

Nahrung: Vorwiegend Feldmäuse, andere Wühlmäuse, Waldmäuse, Spitzmäuse, kleine Reptilien sowie junge oder geschwächte Vögel.

Beobachtungstip: Turmfalken sieht man häufig vom Auto aus, wenn sie auf Büschen oder Masten am Fahrbahnrand sitzen und nach Mäusen Ausschau halten. Die typische Flugweise bei der Jagd ist das Rütteln mit gefächertem Schwanz, schräggestelltem Körper und aufwärtsgerichtetem Kopf; der Vogel scheint an einem unsichtbaren Faden zu hängen. Hat der Falke eine Maus entdeckt, senkt er sich etappenweise herab, um die für den Zugriff günstigste Position einzunehmen. Schließlich stürzt er sich mit vorgestreckten Fängen auf sein Opfer. Da bei weitem nicht jeder Angriff gelingt, muß der Turmfalke an vielen Stellen seines Jagdreviers rütteln oder vom Ansitz aus sein Glück versuchen. Durch Anbringen von Nistkästen lassen sich die Falken an Dorf- und Stadträndern ansiedeln. Im Winter kann man ihnen helfen, indem man auf einer schneefreien Fläche Dreschabfälle ausstreut; die Turmfalken lernen schnell, die dadurch angelockten Mäuse zu fangen.

Das Männchen ist ziemlich bunt gefärbt (1).
Das Weibchen (im Foto mit einer erbeuteten Wühlmaus) trägt ein quergebändertes und geflecktes Gefieder (2). Die 4–6 Eier werden vom Weibchen bebrütet (kleines Bild links).

1

2

1 Baumfalke

Falco subbuteo
(Falken)

Der Baumfalke ist ein überaus rasanter und wendiger Luftjäger. Sommervogel; April bis Oktober.
Kennzeichen: Kleiner als Rabenkrähe (28–35 cm). Kräftig gebaut, mit kurzem Schwanz und langen, sichelförmigen Flügeln; auffallender dunkler Bartstreif; Schenkelbefiederung und Steißbereich rostrot. Jungvögel unterseits ohne Rot, oberseits mit hellen Federrändern.
Verbreitung: Europa außer Island sowie dem größten Teil Nord- und Nordwesteuropas. Überwintert im tropischen Afrika.
Stimme: Im Frühjahr laute »gjegjegjegje...«-Reihen.
Lebensraum: Offene Landschaft, wie Moore, Sümpfe, Seeufer oder Heideflächen mit Gehölzen und Waldrändern; auch in großen, aufgelockerten Parks.
Brut: 1 Brut (Anfang Juni bis September). Brütet in alten Krähen- und Elsternestern. 2–4 kräftig rotbraun gemusterte Eier, vom Weibchen brütet. Brutdauer 28–31 Tage, Nestlingsdauer 28–34 Tage.
Nahrung: Fliegende Kleinvögel, Libellen, Käfer, Heuschrecken.
Beobachtungstip: Baumfalken jagen häufig über Feuchtgebieten.

2 Sperber

Accipiter nisus
(Habichtartige)

Der Sperber ist ein wendiger und draufgängerischer Kleinvogeljäger. Teilzieher.
Kennzeichen: Männchen drosselgroß (29 cm); Weibchen größer und bedeutend schwerer als Männchen (37 cm). Unterseite quergebändert, beim Männchen auf rostbrauner, beim Weibchen auf weißlicher Grundfärbung.
Verbreitung: Europa außer Island und dem höchsten Norden Skandinaviens.
Stimme: Ruft im Frühjahr im Horstbereich schnell und monoton »gigigigigi...«.
Lebensraum: Misch- und Nadelwald mit angrenzender offener Landschaft; Parks.
Brut: 1 Brut (April bis Juni). Selbstgebautes Nest in Bäumen, meist in Fichtenstangenholz. 5–7 grau und braun gefleckte Eier, vom Weibchen brütet; Brutdauer 33–35 Tage, Nestlingsdauer 24–30 Tage.
Nahrung: Vorwiegend Kleinvögel wie Finken, Meisen, Sperlinge, Drosseln; im Herbst auch Fledermäuse.
Beobachtungstip: Der Sperber erscheint besonders im Winterhalbjahr häufig in Dörfern sowie in Gärten und Parks der Städte, um Kleinvögel zu jagen.

Baumfalke (1). Sperber-Weibchen mit erbeutetem Haussperling (2). Baumfalkenhorst (kleines Bild links).

1

2

1 Fasan

Phasianus colchicus
(Glattfußhühner)

Der Fasan ist im südlichen Asien beheimatet und wurde bei uns als Jagdwild eingebürgert. Jahresvogel.
Kennzeichen: Größe ungefähr wie Haushuhn (Männchen 70–80 cm; Weibchen 55–65 cm), langer Schwanz. Männchen überaus bunt und sehr auffällig. Gefieder der Weibchen überwiegend gelblichbraun mit schwarzer Musterung; kürzerer Schwanz.
Verbreitung: Europa außer Island sowie großen Teilen Nord- und Südeuropas.
Stimme: Im Flug und beim Auffliegen häufig ein heiser krächzendes »äch-äch«. Männchen im Frühjahr bei der Balz laut zweisilbig gackernd »gögock«, danach oft lautes Flügelburren.
Lebensraum: Abwechslungsreiche Kulturlandschaft, Randgebiete lichter Wälder und Parks.
Brut: 1 Brut (April bis Juni). Gut verstecktes Bodennest. 8–12 grünliche oder bräunliche Eier, vom Weibchen bebrütet; Brutdauer 23–24 Tage, Junge mit 10–12 Tagen flugfähig, jedoch erst nach rund 2 Monaten selbständig.
Nahrung: Samen, Getreide, Würmer, Schnecken, Insekten.

Beobachtungstip: Fasane leben im Winter gesellig und kommen oft an Dorfränder; mit ausgestreuten Dreschabfällen kann man ihnen bei eisigem Wetter helfen.

2 Ringeltaube

Columba palumbus
(Tauben)

Die Ringeltaube ist in vielen Städten in die Parks und Anlagen eingewandert. Teilzieher.
Kennzeichen: Größer als Stadttaube (41 cm). Große, langschwänzige Taube, im Flug mit rundlichem Bauch und auffallenden, weißen Abzeichen an Flügeln und Hals.
Verbreitung: Europa außer Island und Teilen Nordskandinaviens.
Stimme: Reviergesang ist ein dumpfes Gurren: »gu-guu-gu-guru gu-gu...«.
Lebensraum: Aufgelockerte Laub- und Mischwälder mit umgebenden Wiesen, Feldern, Hecken und Feldgehölzen; Parks und Anlagen von Dörfern und Städten.
Brut: 2–3 Bruten (April bis September). Flaches Reisignest, meist hoch auf Bäumen, manchmal auch an Gebäuden. 2 weiße Eier, vom Männchen und Weibchen bebrütet; Brutdauer 16–17 Tage, Nestlingsdauer 28–31 Tage.
Nahrung: Samen, Beeren, Baumfrüchte, Getreide, grüne Pflanzenteile, Klee, Brot.
Beobachtungstip: Ringeltauben starten und landen mit einem typischen klatschenden Flügelgeräusch.

Fasanen-Paar , links Männchen, rechts Weibchen (1). Ringeltaube auf dem Nest (2). Ringeltauben bei der Nahrungssuche (3). Gelege der Ringeltaube (kleines Bild links).

1 Hohltaube

Columba oenas
(Tauben)

Die Hohltaube ist bei uns die einzige Taube, die in Spechthöhlen brütet. Sommervogel; März bis Oktober.
Kennzeichen: Größe ungefähr wie Stadttaube (33 cm), aber etwas schlanker und stets mit grauem Bürzelbereich; ohne weiße Abzeichen an Flügeln und Hals.
Verbreitung: Europa außer Island und großen Teilen Nordeuropas und der Alpen. Überwintert im Mittelmeerraum.
Stimme: Reviergesang des Männchens dumpf und schnell wiederholt: »oh-ruo-oh-ruo...«.
Lebensraum: Laub- und Mischwald mit alten Bäumen und geräumigen Höhlen; auch in entsprechenden Parks. Nahrungssuche auf Wiesen und Feldern.
Brut: 2–3 Bruten (April bis August). Baut ein Nest aus Zweigen, Halmen und Blättern in alten Schwarzspechthöhlen oder Nistkästen. 2 weiße Eier, vom Männchen und Weibchen brütet; Brutdauer 16–18 Tage, Nestlingsdauer 23–28 Tage.
Nahrung: Samen, Baumfrüchte, grüne Pflanzenteile, Beeren, Klee.
Beobachtungstip: Hohltauben lei-

den stark unter »Wohnungsnot« und nehmen geeignete Nistkästen oft überraschend schnell an.

2 Stadttaube

Columba livia f. domestica
(Tauben)

In vielen Parks und Gärten sind die von verwilderten Haustauben abstammenden Stadt- oder Straßentauben die häufigsten Vögel. Jahresvogel.
Kennzeichen: (33 cm). Gefieder entsprechend den vielen Zuchtformen der Haustaube sehr variabel, meist aber überwiegend taubengrau mit zwei schwarzen Flügelbinden und weißem Bürzelbereich.
Verbreitung: Siedlungen fast ganz Europas.
Stimme: Das ganze Jahr über hört man das typische Gurren: »guhguguruh«.
Lebensraum: Vorwiegend Städte, besonders Großstädte – dort häufig und in großer Zahl auf Marktplätzen, in Parks, Tiergärten und Anlagen.
Brut: 3–4 Bruten (meist März bis September). Nest aus Zweigen, Wurzeln und Halmen, oft unter Brücken, in Mauerlöchern, auf Gebäudesimsen und Balkonen. 2 weiße Eier, vom Männchen und Weibchen brütet; Brutdauer 17–18 Tage, Nestlingsdauer 23–25 Tage.
Nahrung: Samen, Getreide, Knospen, Triebe, Blätter, Brot, Abfälle.
Beobachtungstip: Das Füttern von Stadttauben ist vielerorts zum Problem geworden, da sich die »fliegenden Ratten« dadurch zu stark vermehren und mit ihrem Kot alte Bausubstanz zerstören.

Hohltaube (1). Stadttaube (2). Hohltaube an der Baumhöhle (kleines Bild links).

1

2

1 Türkentaube

Streptopelia decaocto
(Tauben)

Die Türkentaube ist vor rund 50 Jahren von Südosten her zu uns eingewandert und heute im Siedlungsbereich überall häufig. Jahresvogel.

Kennzeichen: Kleiner als Haustaube (32 cm), deutlich schlanker und langschwänziger. Gefieder beigebraun mit rötlichem Anflug auf der Brust, auffallender, schwärzlicher Halsring.

Verbreitung: Europa außer Island, dem größten Teil Skandinaviens und der Iberischen Halbinsel.

Stimme: Ruft im Flug häufig nasal »chwää chwää«. Reviergesang des Männchens monoton gurrend »guguh-gu-gu-guh-gu«.

Lebensraum: Siedlungen aller Art, auch Einzelgehöfte; häufig in Gärten, Tiergärten und Parks mit Fütterungen.

Brut: 2–4 Bruten (März bis September). Flaches Nest aus trockenen Zweigen und Wurzeln, meist in der Astgabel eines Baumes oder Strauches, aber auch an und in Gebäuden und sogar in Futterhäuschen. 2 weiße Eier, vom Männchen und Weibchen bebrütet; Brutdauer 13–14 Tage, Nestlingsdauer 16–19 Tage.

Nahrung: Samen, grüne Pflanzenteile, Knospen, Getreide, Früchte, Brot.

Beobachtungstip: Türkentauben vollführen im zeitigen Frühjahr Balzflüge, wobei sie mit nach unten gehaltenen Flügeln laut rufend abwärts segeln.

2 Turteltaube

Streptopelia turtur
(Tauben)

Die Turteltaube ist die kleinste Taube Europas. Sommervogel; April bis Oktober.

Kennzeichen: Viel kleiner und schlanker als Haustaube (26–28cm). Oberseite rostbraun und schwarz gemustert, auffallender schwarz-weißer Fleck auf beiden Halsseiten.

Verbreitung: Europa außer Island, Irland und Schottland; nur in warmen, trockenen Gegenden, fehlt daher bei uns vielerorts.

Stimme: Reviergesang des Männchens ist ein monoton schnurrendes »turr-turr-turr-turr...«.

Lebensraum: Waldränder, Auwälder, Feldgehölze, Obstgärten; auch in Parks und Gärten mit Laubbäumen.

Brut: 2 Bruten (Mai bis August). Flaches Reisignest in Sträuchern oder Bäumen. 2 weiße Eier, vom Männchen und Weibchen bebrütet; Brutdauer 13–16 Tage, Nestlingsdauer 18–23 Tage.

Nahrung: Samen von Kräutern und Gräsern, Nadelbaumsamen.

Beobachtungstip: Der Flug wirkt reißend und etwas ruckartig.

Türkentaube (1). Turteltaube (2).
Turteltaube mit Jungen im Nest (3);
Turteltauben-Gelege (kleines Bild links).

1

2

3

1 Haubentaucher

Podiceps cristatus
(Lappentaucher)

Der Haubentaucher ist der größte Lappentaucher. Teilzieher.

Kennzeichen: Größe ungefähr wie Stockente, aber schlanker, langhalsiger. Im Frühjahr durch auffällige braunrot-schwarze Haube unverkennbar. Außerhalb der Brutzeit ohne Kopf- und Halsschmuck, schlicht gefärbt. Jungvögel mit Streifenmuster auf Kopf und Hals.

Verbreitung: Europa außer Island und großen Teilen Skandinaviens.

Stimme: Ruft rauh und laut »gröck-gröck« oder tief »orrr«.

Lebensraum: Größere Teiche und Seen, auch Stauseen.

Brut: 1–2 Bruten (Mai bis Juli). Schwimmendes Nest aus Schilf und Wasserpflanzen, meist gut versteckt. 3–5, anfangs weißliche, später bräunliche Eier, vom Männchen und Weibchen bebrütet; Brutdauer 26–29 Tage, Junge werden rund 10–11 Wochen von beiden Eltern versorgt.

Nahrung: Fische, Krebstiere, Wasserinsekten, kleine Frösche.

Beobachtungstip: Haubentaucher vollführen im Frühjahr auffallende Balzzeremonien mit synchronem Kopfschütteln, Hochrecken und Auftauchen mit Pflanzenmaterial.

2 Zwergtaucher

Tachybaptus ruficollis
(Lappentaucher)

Der Zwergtaucher ist der kleinste Lappentaucher Europas. Teilzieher.

Kennzeichen: Nur wenig größer als Amsel (25–28 cm), rundlich und kurzhalsig. Gefieder zur Brutzeit an Kopf und Hals kastanienbraun. Außerhalb der Brutzeit schlicht gelblichbraun.

Verbreitung: Europa außer Island und dem größten Teil Skandinaviens.

Stimme: Zur Brutzeit hört man von beiden Partnern auffällige, langanhaltende Triller, die im Duett vorgetragen werden.

Lebensraum: Kleine, dicht bewachsene Seen und Teiche; auch auf entsprechenden Parkteichen. Im Winter truppweise auf Seen und Flüssen, auch in Städten.

Brut: 1–2 Bruten (April bis Juli). Schwimmendes Nest aus verrottenden Pflanzenteilen im Uferbewuchs versteckt. 5–6 weißliche Eier, vom Männchen und Weibchen bebrütet; Brutdauer 20–23 Tage, Junge mit 5–6 Wochen selbständig.

Nahrung: Insekten, Schnecken, Kaulquappen, kleine Krebstiere und Fische.

Beobachtungstip: Im Winter erkennt man den Zwergtaucher an seinem hellen, dick aufgeplusterten »Heck«.

Haubentaucher-Paar mit Jungen (1).
Haubentaucher im Winter (2). Zwergtaucher im Winter (3). Zwergtaucher mit 2 Jungen (4).
Haubentauchernest (kleines Bild links).

1

2/3

4

1 Graureiher

Ardea cinerea
(Reiher)

Der Graureiher ist die häufigste Reiherart Europas, in vielen Gegenden der einzige Reiher. Teilzieher.
Kennzeichen: Kleiner als Weißstorch (90–96 cm). Gefieder überwiegend grau; Kopf und Hals überwiegend weiß, 2 lange, schwarze Schmuckfedern am Hinterkopf.
Verbreitung: Europa außer Island und dem größten Teil Nordeuropas; in Südeuropa meist nur im Winter.
Stimme: Ruft im Flug laut und rauh krächzend »kräik«.
Lebensraum: Gewässer mit flachen Ufern für die Jagd auf Fische, feuchte Wiesen zum Mäusefangen.
Brut: 1 Brut (März bis Juni). Koloniebrüter; Reisignest meist hoch auf Bäumen. 4–5 hell blaugrünliche Eier, vom Männchen und Weibchen bebrütet. Brutdauer 25–28 Tage, Nestlingsdauer 50–55 Tage.
Nahrung: Fische, kleinere Säugetiere, wie Wühlmäuse und Maulwürfe, Frösche, Reptilien und große Insekten.
Beobachtungstip: Der Graureiher steht häufig bewegungslos am Schilfrand und lauert so auf Beutetiere. Zieht im Flug den Hals S-förmig ein.

2 Weißstorch

Ciconia ciconia
(Störche)

Der Weißstorch ist einer unserer bekanntesten Vögel. Sommervogel; Ende März bis Anfang September.
Kennzeichen: Großer Schreitvogel (100–110 cm). Schnabel und Beine rot; Gefieder überwiegend weiß, schwarze Schwungfedern. Bei Jungvögeln sind Beine und Schnabel bräunlich.
Verbreitung: Mittel-, Ost- und Südosteuropa, Iberische Halbinsel, Nordafrika. Überwintert im südlichen Afrika.
Stimme: Das allbekannte Klappern zur Brutzeit.
Lebensraum: Abwechslungsreiche, nicht zu intensiv bewirtschaftete, offene Kulturlandschaft mit Wiesen, Feuchtwiesen und Gewässern.
Brut: 1 Brut (April bis Juni). Großes Nest auf Hausdächern, Kaminen, Strommasten und Bäumen. 3–5 weiße Eier, vom Männchen und Weibchen bebrütet; Brutdauer 32–34 Tage, Nestlingsdauer 55–58 Tage.
Nahrung: Mäuse, Regenwürmer, Insekten, Frösche, Schlangen.
Beobachtungstip: Im Flug erkennt man den Weißstorch leicht an seinen schwarz-weißen Schwingen und dem lang ausgestreckten Hals.

Graureiher (1). Weißstorch-Altvogel mit 4 Jungen (2). Kleine junge Weißstörche im Horst (kleines Bild links).

1

2

Höckerschwan
Cygnus olor
(Entenvögel)

Der Höckerschwan ist der schwerste Wasservogel; er wurde in Mitteleuropa ursprünglich als Parkvogel eingeführt, hat sich aber stark vermehrt und alle geeigneten Gewässer besiedelt. Teilzieher.

Kennzeichen: Größer als Hausgans (145–160 cm). Gefieder einheitlich schneeweiß; Schnabel orangerot mit schwarzem Höcker, der beim Männchen im Frühjahr am größten ist. Jungvögel meist graubraun sowie mit bleigrauem Schnabel und ohne Schnabelhöcker. Manche jungen Höckerschwäne sind von Anfang an weiß.

Verbreitung: Mittel- und Osteuropa, Südskandinavien, Britische Inseln.

Stimme: Wenig lautfreudig, manchmal ein schnarchendes »gajarr« oder lautes Zischen.

Lebensraum: Fast überall bei uns leben Abkömmlinge von verwilderten Parkvögeln auf den Seen und Flüssen des Tieflandes; Charaktervogel vieler Parkseen, auch mitten in der Großstadt.

Brut: 1 Brut (April bis Juni). Großer Nesthaufen aus Schilf und Uferpflanzen, meist nah am Wasser gebaut. 5–7, anfangs graugrünliche, später bräunliche Eier, vom Weibchen bebrütet; Brutdauer 35–40 Tage, Junge mit 4–5 Monaten flugfähig.

Nahrung: Vor allem Wasserpflanzen, die mit dem langen Hals vom Gewässergrund gerupft werden, aber auch verschiedene Pflanzen der Uferregion. Parkschwäne werden häufig mit großen Mengen an altem Brot gefüttert; das führt zu erheblicher Gewässerverschmutzung.

Beobachtungstip: Schon von weitem erkennt man den Höckerschwan an seiner leicht S-förmigen Halshaltung. Im Flug ist ein deutliches, pfeifendes Schwingengeräusch zu hören, das den beiden anderen europäischen Schwänen fehlt. Im Winterhalbjahr schließen sich die Schwäne oft zu großen Verbänden zusammen und belagern Parkseen, Dampferstege oder andere Stellen, an denen Wasservögel gefüttert werden. Die große Bestandsdichte führt im Frühjahr zu erbitterten Kämpfen um die Brutreviere, denn jedes Paar beansprucht einen recht großen Gewässerbereich für sich und verteidigt ihn vehement gegen fremde Paare. Bei zu hoher Bestandsdichte können einzelne Männchen ihre Reviere nicht mehr verteidigen, so kommt es zur Bildung von Brutkolonien; der Bruterfolg der Koloniebrüter ist jedoch meist deutlich geringer als der bei Einzelpaaren. Das ganze Jahr über trifft man Trupps von Nichtbrütern an.

Die Jungen lassen sich von der Mutter wie auf einer Fähre transportieren (1). Beide Paarpartner sind am Nestbau beteiligt, das Männchen schafft vor allem das Material herbei (2). Altvogel mit Gelege und gerade schlüpfenden Jungen (kleines Bild links).

Höckerschwan

Cygnus olor
(Entenvögel)

Der Höckerschwan ist der schwerste Wasservogel; er wurde in Mitteleuropa ursprünglich als Parkvogel eingeführt, hat sich aber stark vermehrt und alle geeigneten Gewässer besiedelt. Teilzieher.

Kennzeichen: Größer als Hausgans (145–160 cm). Gefieder einheitlich schneeweiß; Schnabel orangerot mit schwarzem Höcker, der beim Männchen im Frühjahr am größten ist. Jungvögel meist graubraun sowie mit bleigrauem Schnabel und ohne Schnabelhöcker. Manche jungen Höckerschwäne sind von Anfang an weiß.

Verbreitung: Mittel- und Osteuropa, Südskandinavien, Britische Inseln.

Stimme: Wenig lautfreudig, manchmal ein schnarchendes »gajarr« oder lautes Zischen.

Lebensraum: Fast überall bei uns leben Abkömmlinge von verwilderten Parkvögeln auf den Seen und Flüssen des Tieflandes; Charaktervogel vieler Parkseen, auch mitten in der Großstadt.

Brut: 1 Brut (April bis Juni). Großer Nesthaufen aus Schilf und Uferpflanzen, meist nah am Wasser gebaut. 5–7, anfangs graugrünliche, später bräunliche Eier, vom Weibchen bebrütet; Brutdauer 35–40 Tage, Junge mit 4–5 Monaten flugfähig.

Nahrung: Vor allem Wasserpflanzen, die mit dem langen Hals vom Gewässergrund gerupft werden, aber auch verschiedene Pflanzen der Uferregion. Parkschwäne werden häufig mit großen Mengen an altem Brot gefüttert; das führt zu erheblicher Gewässerverschmutzung.

Beobachtungstip: Schon von weitem erkennt man den Höckerschwan an seiner leicht S-förmigen Halshaltung. Im Flug ist ein deutliches, pfeifendes Schwingengeräusch zu hören, das den beiden anderen europäischen Schwänen fehlt. Im Winterhalbjahr schließen sich die Schwäne oft zu großen Verbänden zusammen und belagern Parkseen, Dampferstege oder andere Stellen, an denen Wasservögel gefüttert werden. Die große Bestandsdichte führt im Frühjahr zu erbitterten Kämpfen um die Brutreviere, denn jedes Paar beansprucht einen recht großen Gewässerbereich für sich und verteidigt ihn vehement gegen fremde Paare. Bei zu hoher Bestandsdichte können einzelne Männchen ihre Reviere nicht mehr verteidigen, so kommt es zur Bildung von Brutkolonien; der Bruterfolg der Koloniebrüter ist jedoch meist deutlich geringer als der bei Einzelpaaren. Das ganze Jahr über trifft man Trupps von Nichtbrütern an.

Die Jungen lassen sich von der Mutter wie auf einer Fähre transportieren (1). Beide Paarpartner sind am Nestbau beteiligt, das Männchen schafft vor allem das Material herbei (2). Altvogel mit Gelege und gerade schlüpfenden Jungen (kleines Bild links).

1

2

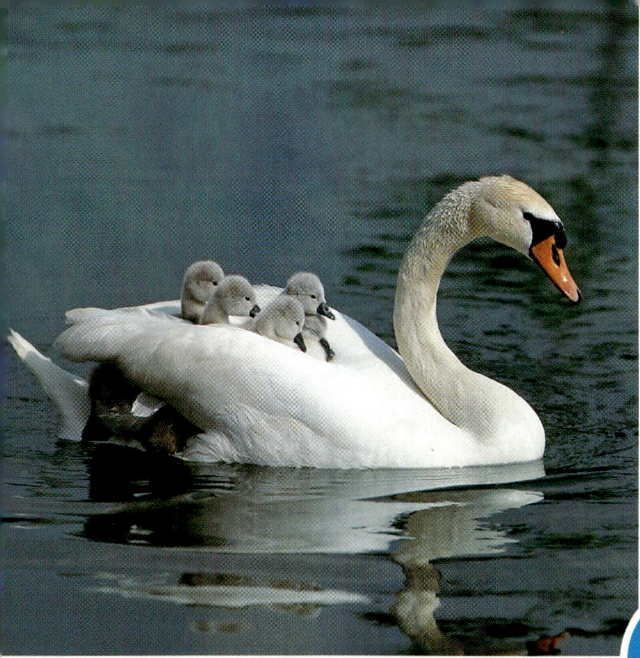
1

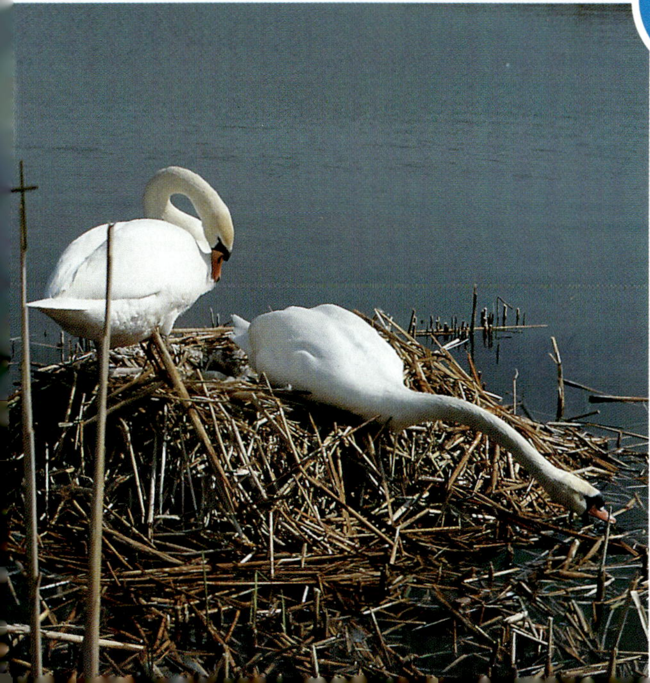
2

1 Singschwan
Cygnus cygnus
(Entenvögel)

Der Singschwan erreicht zwar die Länge des Höckerschwans, aber nicht dessen Gewicht. Wintergast, von Oktober bis April.
Kennzeichen: Größer als Hausgans (145–160 cm). Im Unterschied zu Höckerschwan mit auffällig gelber Schnabelbasis, ohne Schnabelhöcker und mit mehr aufrechter Kopfhaltung.
Verbreitung: Island und Nordeuropa. Im übrigen Mitteleuropa nur Wintergast.
Stimme: Ruft im Flug laut trompetend, meist zwei- oder dreisilbig »huup-huup-(huup); auf dem Wasser sind nasale, gänseartige Laute zu hören.
Lebensraum: Brütet vorwiegend auf moorigen Seen der nordischen Taiga- und Tundrazone; überwintert an der Küste und auf größeren Binnenseen, in Südskandinavien teilweise auf Parkteichen.
Brut: 1 Brut (Mai bis Juli). Großes Nest aus Wasserpflanzen, meist auf einer kleinen Insel. 4–7 gelblichweiße Eier, vom Weibchen bebrütet; Brutdauer 33–40 Tage, Junge nach 3 Monaten flugfähig.
Nahrung: Wasserpflanzen; Gräser und Kräuter an Land.
Beobachtungstip: Im Gegensatz zu Höckerschwänen trifft man Singschwäne häufig an Land an, wo sie wie Gänse Kräuter, Gräser und junge Saat rupfen. Sie sind sehr scheu und flüchten schon bei Störung in großer Entfernung.

2 Kanadagans
Branta canadensis
(Entenvögel)

Die Kanadagans wurde aus ihrer nordamerikanischen Heimat bei uns eingebürgert. Jahresvogel.
Kennzeichen: Größer als Graugans (90–110 cm). Auffallend schwarzweißer Kopf; Schnabel, Hals, Füße und Schwanz sind schwarz.
Verbreitung: In Europa Skandinavien bis Nordschweden, Britische Inseln; viele Stellen in Mitteleuropa.
Stimme: Ruft im Flug laut und nasal trompetend – erinnert eher an Singschwan als an andere Gänse.
Lebensraum: Seen, Fischteiche, Kiesgruben und andere Kleingewässer; häufig halbzahm auf Parkgewässern, auch mitten in der Großstadt.
Brut: 1 Brut (März bis Juni). Großes Nest aus Pflanzenteilen, oft auf einer kleinen Insel. 5–6 gelblichweiße Eier, vom Weibchen bebrütet; Brutdauer 28–30 Tage, Junge mit 40–48 Tagen flugfähig.
Nahrung: Verschiedene Gräser und Kräuter, Wurzeln, Samen, Wasserpflanzen. An Parkteichen werden Kanadagänse häufig mit altem Brot gefüttert.
Beobachtungstip: Außerhalb der Brutzeit schließen sich oft mehrere Familien zu Trupps zusammen. Nicht selten treten Mischlinge zwischen der Kanadagans und Graugans auf vielen Parkseen auf; sie zeigen dann die Merkmale beider Elternarten.

Singschwäne (1).
Kanadagans-Paar mit Jungen (2).

1

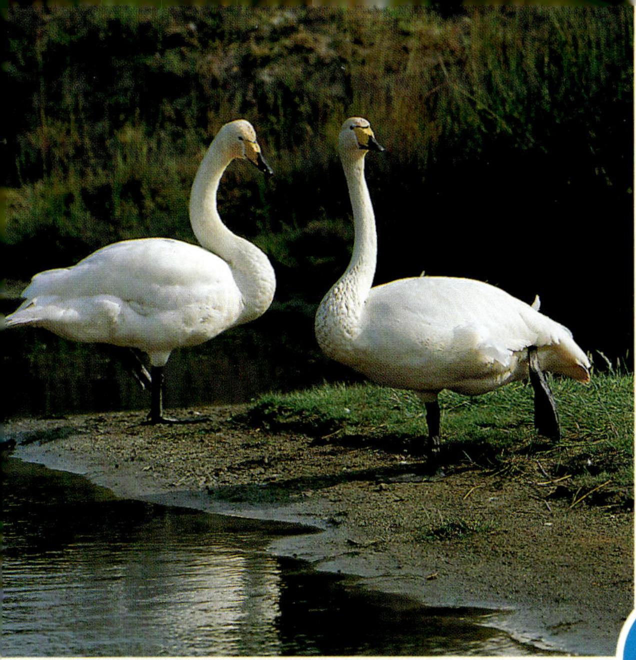

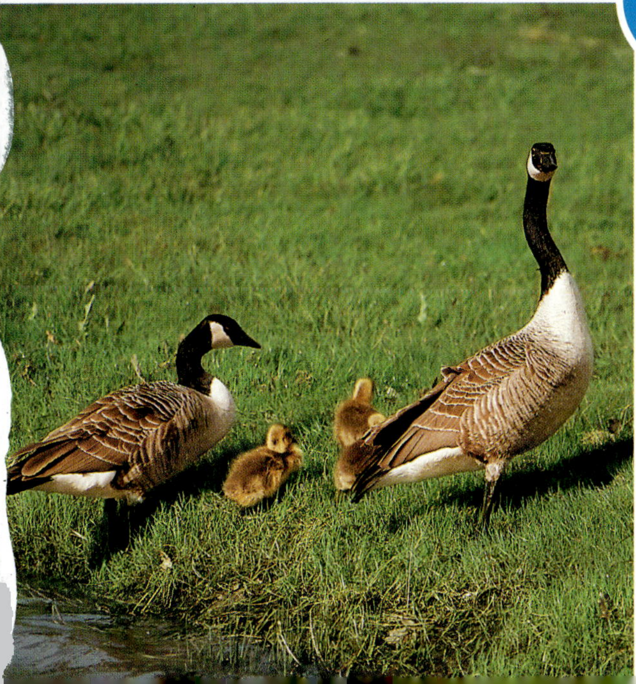

2

1 Graugans

Anser anser
(Entenvögel)

Die Graugans ist als wichtigstes Studienobjekt des Verhaltensforschers Konrad Lorenz und durch das Märchen von Nils Holgersson weltberühmt geworden. Teilzieher.
Kennzeichen: Größe wie Hausgans (75–90 cm), deren Stammform sie ist. Gefieder einheitlich graubraun, Beine rosafarben; Schnabel rosafarben (östliche Unterart) oder orangegelb (westliche Unterart).
Verbreitung: Island, Skandinavien, Britische Inseln, Mittel- und Osteuropa. Bei uns zumeist halbzahmer Parkvogel.
Stimme: Die Rufe entsprechen im wesentlichen den lauten, klaren Hausgansrufen – nasal »aang aang«; Stimmfühlung »gagaga«.
Lebensraum: Große Seen mit verschilftem Ufer, Moorgebiete, Bruchwald. Nahrungssuche auf Wiesen und Weiden. Bei uns vielerorts häufiger Parkvogel, teilweise in großen Scharen.
Brut: 1 Brut (April bis Juni). Großes Nest in unzugänglichen Uferbereichen. 4–8 weißliche Eier, vom Weibchen bebrütet; Brutdauer 27–29 Tage, Jungvögel mit rund 8 Wochen flugfähig.

Nahrung: Verschiedene Gräser, Kräuter, gerne Klee, Löwenzahn.
Beobachtungstip: Fliegende Graugänse erkennt man oft bereits von weitem an ihrem hellen, silbergrauen Oberflügelfeld und den klaren Rufen.

2 Streifengans

Anser indicus
(Entenvögel)

Die Streifengans stammt von den Hochflächen des Himalaya und wurde als Ziervogel nach Europa gebracht.
Kennzeichen: Kleiner als Hausgans (70–82 cm). Der helle Gesamteindruck und das typische streifige Kopfmuster machen die Art unverwechselbar.
Verbreitung: Bei uns häufig als Zier- und Parkvogel gehalten. Freilebende Vögel stammen aus Einbürgerungsversuchen oder aus Gefangenschaftszuchten.
Stimme: Nicht so weittragend und klangvoll wie bei Grau- und Kanadagans.
Lebensraum: Bei uns meistens Parkgewässer.
Brut: 1 Brut (Mai bis Juni). Flaches Nest in Feuchtgebieten. 4–6 Eier. Brutdauer 27–30 Tage, Junge mit 7–8 Wochen flugfähig.
Nahrung: Gräser, Wurzeln Kräuter, Getreide, Brot.
Beobachtungstip: Streifengänse trifft man häufig zusammen mit Graugänsen an; gelegentlich kommt es sogar zu Mischpaaren zwischen beiden Gänsearten.

Graugans (1). Graugans mit Jungen (2). Streifengans (3). Gelege der Graugans (kleines Bild links).

1

2

3

Stockente

Anas platyrhynchos
(Entenvögel)

Die Stockente ist die Stammform mehrerer Hausentenrassen; sie ist nicht nur unsere größte Gründelente, sondern auch die weitaus häufigste Ente Europas. Teilzieher.

Kennzeichen: Große, massige Ente (55–60 cm). Männchen im Winterhalbjahr mit flaschengrünem Kopf, gelbem Schnabel, überwiegend hellgrauem Rumpfgefieder, schwarzem »Heck« und schwarzen »Erpellocken«; im Sommerhalbjahr ähnlich Weibchen, aber ohne Schwarz am Schnabel und insgesamt etwas dunkler. Weibchen überwiegend braun, Schnabel orangefarben mit mehr oder weniger ausgedehnter schwarzer Zeichnung an Basis und First.

Verbreitung: Ganz Europa außer in den Hochgebirgsregionen.

Stimme: Weibchen quaken laut, in der Tonhöhe absinkend »waaak-wak-wak-wak-wak-wak«. Männchen rufen gedämpft, heiser »räb räb« und hell pfeifend »piü«.

Lebensraum: Gewässer fast aller Art: von kleinen Tümpeln über verschiedene Seen bis zu langsam fließenden Flüssen mit deckungsreichen Ufern. Häufig auf Parkgewässern und Gartenteichen.

Brut: 1 Brut (Ende März bis Juni). Sauber gefertigtes Nest aus Halmen, Stengeln aus der Umgebung und mit Dunen ausgepolstert, meist gut versteckt und nahe am Wasser; im Schilf, unter Büschen, auf Kopfweiden, aber auch an Gebäuden oder in Nistkörben. 6–10 grünliche oder gelbliche Eier, vom Weibchen bebrütet; Brutdauer 26–29 Tage, Jungvögel mit 50–60 Tagen flugfähig.

Nahrung: Samen von Wasser- und Landpflanzen, grüne Pflanzenteile, Insekten, Würmer, Schnecken, Krebstiere, Brot, Küchenreste.

Beobachtungstip: Die Stockente ist bei uns auch als »Wildente« bekannt. Sie stellt vielfach den Hauptanteil der auf den Parkteichen gefütterten Wasservögel. Von Herbst bis Frühjahr findet die Gemeinschaftsbalz statt, bei der die Erpel die Akteure sind und die Weibchen eher Zuschauer; hier lassen sich verschiedene Verhaltensweisen studieren, wie »Einleitendes Schütteln«, »Kurz-Hoch-Werden« und »Nickschwimmen«. Häufig schwimmen Stockenten mit dem Kopf unter Wasser; die Füße paddeln abwechselnd, um Nahrungspartikel hochzuwirbeln. Beim Gründeln stellt die Ente ihren Körper senkrecht (»Schwänzchen in die Höh'«), das Gleichgewicht hält sie wärenddessen mit paddelnden Fußbewegungen. Junge Stockenten können sogar richtig tauchen.

Die Paare halten im Frühjahr bis zur Eiablage zusammen (1). Das auf dem Nest brütende Weibchen ist in seinem braunen Tarngefieder kaum auszumachen (2). Die Jungenschar ruht sich an Land auf einer Wiese aus (3). Das Gelege enthält bis zu 10 Eier (kleines Bild links).

1

2

3

1 Schnatterente
Anas strepera
(Entenvögel)

Die Schnatterente ist in beiden Geschlechtern recht unauffällig und wird daher leicht übersehen. Teilzieher, nur wenige überwintern bei uns.

Kennzeichen: Etwas kleiner und schlanker als Stockente (48–52 cm). Männchen im Winterhalbjahr überwiegend braungrau meliert und mit schwarzem »Heck«. Weibchen und Männchen im Sommer sehr ähnlich Stockenten-Weibchen, aber mit weißem Flügelspiegelfleck und orangefarbenem Band über den Schnabelkanten.

Verbreitung: Osteuropa; im übrigen Europa inselartig, im Norden bis Island, Schottland und Südschweden.

Stimme: Weibchen rufen ähnlich Stockenten-Weibchen, aber etwas höher und durchdringender; Männchen während der Balz tief »ärp« und »tö-tö«.

Lebensraum: Nur im Tiefland; flache Seen und langsam fließende, große Flüsse mit üppiger Ufervegetation; gebietsweise auch auf Parkseen.

Brut: 1 Brut (Mai bis Juli). 8–12 rahmgelbe Eier, vom Weibchen bebrütet; Brutdauer 25–27 Tage, Junge mit etwa 7 Wochen flugfähig.

Nahrung: Verschiedene Wasserpflanzen, Samen von Laichkräutern; nur sehr wenig Kleintiere.

Beobachtungstip: Schnatterenten fallen besonders im Flug durch das weiße Feld im Flügelspiegel auf.

2 Mandarinente
Aix galericulata
(Entenvögel)

Der Manderinerpel ist unsere farbenprächtigste Ente und als Ziervogel entsprechend begehrt. Jahresvogel.

Kennzeichen: Kleiner als Stockente (42–48 cm). Männchen sehr bunt und kaum zu verwechseln; besonders auffällig sind die segelartig aufgestellten, orangefarbenen Flügelfedern. Weibchen recht unauffällig mit weißem, zum Nacken ausgezogenem Augenring.

Verbreitung: Ursprünglich Ostasien; in Europa gebietsweise eingebürgert, bei uns vorwiegend an Parkteichen, lokal auch verwildert und freibrütend.

Stimme: Im Flug hört man vom Männchen ein pfeifendes »wrrk«; der Weibchenruf erinnert an das Bläßhuhn: »kett«.

Lebensraum: Waldumstandene Seen und Flüsse mit deckungsreichen Ufern; nicht selten futterzahm auf Parkseen.

Brut: 1 Brut (April bis Juni). Brütet in Baumhöhlen nahe dem Wasser, gelegentlich auch am Boden in dichtem Bewuchs. 7–12 weiße Eier, vom Weibchen bebrütet; Brutdauer 28–30 Tage, Jungvögel nach 40–45 Tagen selbständig.

Nahrung: Pflanzenteile, Samen, Nüsse, Eicheln, Getreide, Würmer, Schnecken, Insekten.

Beobachtungstip: Da Mandarinenten für die Brut oft eine hochgelegene Baumhöhle beziehen, müssen die Jungen nach dem Schlüpfen zu Boden springen; meist überstehen sie den Sturz unbeschadet.

Schnatterenten-Männchen (1). Schnatterenten-Weibchen (2). Mandarinenten-Paar, links Weibchen, rechts Männchen (3).

1

2

3

1 Tafelente

Aythya ferina
(Entenvögel)

Die Tafelente ist bei uns häufiger Wintergast und bereits auf vielen Parkseen ein vertrauter Anblick. Teilzieher.

Kennzeichen: Kleiner als Stockente (43–47 cm), gedrungene Gestalt, langer, hoher Kopf mit flacher Stirn. Männchen mit kastanienbraunem Kopf, roter Iris, schwarzer Brust und silbergrauem Körper kaum mit anderen Enten zu verwechseln. Weibchen unscheinbar bräunlich mit helleren Kopfabzeichen.

Verbreitung: Europa außer dem größten Teil Skandinaviens. Auf der Iberischen Halbinsel und in Südeuropa fast ausschließlich nur Wintergast.

Stimme: Weibchen rufen rauh schnarrend »charr charr«; der recht leise geäußerte Balzruf des Männchens klingt »uiwijerr«.

Lebensraum: Schilfumstandene, flache Seen, Fischteiche; außerhalb der Brutzeit auf Gewässern aller Art, zunehmend auf größeren Parkseen, auch mitten in der Großstadt.

Brut: 1 Brut (April bis Juni). Gut in der Ufervegetation verstecktes Nest. 5–11 graugrünliche Eier, vom Weibchen bebrütet; Brutdauer 25–27 Tage, Junge mit rund 7 Wochen flugfähig.

Nahrung: Wasserpflanzen, Samen, Insektenlarven, Würmer, Schnecken, Getreide.

Beobachtungstip: Von den sehr rasant fliegenden Tafelenten hört man ein charakteristisches pfeifendes Schwingengeräusch.

2 Reiherente

Aythya fuligula
(Entenvögel)

Die Reiherente ist bei uns im Winterhalbjahr vielfach nach der Stockente die zweithäufigste Ente. Teilzieher.

Kennzeichen: Kleiner als Stockente (41–45 cm). Männchen auffällig schwarz-weiß, lang herabhängender Nackenschopf, gelbe Iris. Weibchen unscheinbar dunkelbraun, nur angedeuteter Nackenschopf.

Verbreitung: Nordeuropa mit Island; Britische Inseln, Nordfrankreich, Mittel- und Osteuropa.

Stimme: Von der Balz hört man während der Balz kükenähnliche, vibrierende Pfeiflaute; Weibchen rufen hart schnarrend »ärr-ärr-ärr«.

Lebensraum: Größere Seen und Stauseen, als Brutvogel bei uns nicht häufig; im Winterhalbjahr jedoch in großer Zahl auf stehenden und fließenden Gewässern, auch in Parks mitten in der Großstadt.

Brut: 1 Brut (Mai bis Juli). Gut verstecktes Nest in der Ufervegetation oder im Schilf. 8–11 hell graugrünliche Eier, vom Weibchen bebrütet; Brutdauer 23–26 Tage, Junge mit rund 7 Wochen flugfähig.

Nahrung: Muscheln, Schnecken, Krebstiere, Insektenlarven, Samen von Wasserpflanzen.

Beobachtungstip: Auf vielen Parkgewässern oder an Dampferstegen trifft man Reiherenten an, die sich zusammen mit Stockenten, Bläßhühnern und Lachmöwen mit Brot füttern lassen. Dort kann man ihnen beim Tauchen und bei der Balz zusehen.

Tafelenten-Paar, links Weibchen, rechts Männchen (1). Reiherenten-Paar, rechts Weibchen, links Männchen (2). Reiherente mit Jungen (3).

1

2

3

1 Schellente
Bucephala clangula
(Entenvögel)

Die Schellente brütet gebietsweise und selten auch bei uns. Vorwiegend Wintergast.

Kennzeichen: Kleiner als Stockente (43–48 cm). Kräftig gebaute Tauchente mit auffallend großem Kopf und gelber Iris. Männchen schwarz-weiß, vor dem Auge ein rundlicher, weißer Fleck. Weibchen und junge Männchen mit überwiegend grauem Gefieder und braunem Kopf.

Verbreitung: Schottland, Nordeuropa, wenige Vorkommen auch in Mittel- und Osteuropa.

Stimme: Weibchen rufen im Flug knarrend »quarr quarr«. Männchen bei der Balz quäkend »qui-riik«.

Lebensraum: Waldumstandene Seen und langsam fließende Flüsse; außerhalb der Brutzeit auf größeren Gewässern aller Art, gebietsweise auch auf Parkseen.

Brut: 1 Brut (Ende März bis Juni). Brütet in Schwarzspechthöhlen oder Nistkästen an waldumstandenen Seen. 6–11 blaugrünliche Eier, vom Weibchen bebrütet; Brutdauer 28–31 Tage, die Jungen springen aus der Bruthöhle.

Nahrung: Kleinkrebse, Muscheln, Fische, Insekten, Samen.

Beobachtungstip: Schellenten fliegen schnell und mit raschen Flügelschlägen; schon von weitem hört man ihr auffälliges, pfeifendes Schwingengeräusch.

2 Gänsesäger
Mergus merganser
(Entenvögel)

Gänsesäger sind große Entenvögel mit langem, schmalem, an der Spitze hakigem Schnabel. Teilzieher, Wintergast.

Kennzeichen: Größer als Stockente (60–66 cm). Männchen überwiegend weiß, Kopf schwarzgrün, Rücken schwarz; Weibchen überwiegend grau mit scharf abgesetztem, braunem Kopf; im Winterhalbjahr tragen beide Geschlechter einen zart rosafarbenen Anflug auf der Unterseite.

Verbreitung: Nordeuropa mit Island; Schottland, gebietsweise in Mitteleuropa.

Stimme: Männchen während der Balz hoch »krüh-ro«.

Lebensraum: Klare Seen und Flüsse, vor allem in Waldlandschaften. Gebietsweise auch auf Parkseen.

Brut: 1 Brut (Ende März bis Juni). Brütet in großen Baumhöhlen oder in speziellen Nistkästen. 8–12 rahmfarbene Eier, vom Weibchen bebrütet; Brutdauer 30–33 Tage, Junge mit 8–9 Wochen flugfähig.

Nahrung: Fische, Krebstiere.

Beobachtungstip: Häufig sieht man Gänsesäger mit eingetauchtem Kopf und Hals schwimmen (»Wasserlugen«) – sie halten Ausschau nach Beutefischen.

Schellenten-Paar, links Weibchen, rechts Männchen (1). Gänsesäger mit Jungen (2); 2 Gänsesäger-Männchen, rechts ein Weibchen (3). Gelege der Schellente (kleines Bild links).

1 Teichhuhn
Gallinula chloropus
(Rallen)

Das Teichhuhn ist ein kleiner, hühnerähnlicher Wasservogel, den man häufig an Parkgewässern antrifft. Teilzieher.

Kennzeichen: Kleiner als Bläßhuhn (32–35 cm), mit langen Zehen. Gefieder schwarz-braun, roter Schnabel mit gelber Spitze, rotes Stirnschild, auffällige weiße Unterschwanzfedern. Vögel im Jugendkleid überwiegend bräunlich gefärbt, Küken mit buntem Kopfmuster.

Verbreitung: Europa außer Island und dem größten Teil Skandinaviens.

Stimme: Ruft scharf, rollend »kürrk« der »kirrek«.

Lebensraum: Seen, Teiche und langsam fließende Flüsse mit üppiger Ufervegetation; nicht selten an entsprechenden Bächen und Teichen in Dörfern und Parks, auch in der Großstadt.

Brut: 1–2 Bruten (April bis August). Gut in der Ufervegetation verstecktes Napfnest. 5–10 rahmfarbene Eier mit Fleckenmuster, vom Weibchen bebrütet; Brutdauer 19–22 Tage, Junge mit rund 35 Tagen flugfähig.

Nahrung: Sumpf- und Wasserpflanzen, Samen, Früchte, Insekten, Würmer, Schnecken.

Beobachtungstip: Teichhühner schwimmen ständig kopfnickend und stellen durch häufiges Schwanzzucken ihre schneeweiße Schwanzunterseite zur Schau.

2 Bläßhuhn
Fulica atra
(Rallen)

Das Bläßhuhn ist einer der häufigsten Wasservögel in unseren Parks. Teilzieher.

Kennzeichen: Eine rundliche Ralle (36–38 cm); Gefieder einheitlich schwarz, weißer Schnabel und weißes Stirnschild; Zehen mit Schwimmlappen.

Verbreitung: Europa außer Island und großen Teilen Skandinaviens.

Stimme: Ruft laut bellend »köw« oder »köck« und hart »pix«.

Lebensraum: Seen, Teiche und Stauseen, Flüsse; häufig auf Parkseen, auch mitten in Dörfern und Städten.

Brut: 1 Brut (April bis Juli). Großes, mehr oder weniger gut verstecktes Nest aus Schilf, meist in seichtem Wasser. 5–10 weißliche Eier mit feinen Punkten, vom Männchen und Weibchen bebrütet; Brutdauer 23–24 Tage, Junge mit rund 8 Wochen flugfähig.

Nahrung: Wasserpflanzen, junges Schilf, Gras, Kleintiere, Brot. Nahrungssuche auch an Land.

Beobachtungstip: Bläßhühner nehmen beim Starten von der Wasseroberfläche flügelschlagend und mit den Füßen platschend Anlauf.

Teichhuhn (1). Teichhuhn füttert größeres Junges (2). Bläßhuhn mit 3 Jungen (3). Teichhuhnnest mit Eiern und geschlüpften Jungen (kleines Bild links).

1 Lachmöwe

Larus ridibundus
(Möwen)

Die Lachmöwe ist im Binnenland die weitaus häufigste Möwe. Teilzieher, Wintergast.

Kennzeichen: Größe wie Haustaube (38–41 cm). Im Frühjahr mit dunkelbrauner Kapuze und dunkelrotem Schnabel; Kopf im Winterhalbjahr weiß mit dunklem Ohrfleck, Schnabel hell rötlich.

Verbreitung: Europa außer Teilen Skandinaviens; auf der Iberischen Halbinsel und in Südeuropa meist nur im Winter.

Stimme: Ruft häufig laut und kreischend »kweerr«, »kriäh« oder »kekeke«.

Lebensraum: Brütet in Kolonien an Seeufern und auf kleinen Inseln in Seen. Im Winter häufig auf Müllkippen, an Dampferstegen und auf Parkgewässern.

Brut: 1 Brut (April bis Juni). Nest aus Stengeln und Halmen. 3 braune bis olivfarbene, unterschiedlich gefleckte Eier, vom Männchen und Weibchen bebrütet; Brutdauer 22–24 Tage, Junge mit 5–6 Wochen flugfähig.

Nahrung: Wasserinsekten, Fische, Würmer, Aas, Abfälle, Brot.

Beobachtungstip: Lachmöwen, die mit lautem Gekreische und Ge-

zänk die Brücken oder Parkteiche »belagern«, gehören in vielen winterlichen Städten zum gewohnten Bild.

2 Sturmmöwe

Larus canus
(Möwen)

Die Sturmmöwe, bei uns eigentlich Küstenbewohner, erscheint zunehmend im Binnenland. Teilzieher, Wintergast.

Kennzeichen: Etwas größer als Lachmöwe (40–43 cm). Eine schlanke Möwe mit weißem, rundlichem Kopf, schlankem, grüngelbem Schnabel und dunklen Augen. Im Winterhalbjahr an Kopf und Nacken zart braungrau gefleckt.

Verbreitung: Nordeuropa mit Island; Britische Inseln. In Mitteleuropa vorwiegend an der Küste, im Winter auch an Binnenseen häufig.

Stimme: Ruft langgezogen »kliija« oder »ka-ka-ka«, bei Gefahr »pii-jäh«.

Lebensraum: Meeresküste mit Strand- und Moorwiesen, Seeufer; im Winter oft an Bootsstegen oder Parkseen.

Brut: 1 Brut (April bis Juni). 3 olivfarbene oder bräunliche, unterschiedlich gefleckte Eier, vom Männchen und Weibchen bebrütet; Brutdauer 24–28 Tage, Junge mit 4–5 Wochen flugfähig.

Nahrung: Fische, Fischreste, Würmer, Muscheln, Insekten, Mäuse, Brot, Abfälle.

Beobachtungstip: Sturmmöwen sind an den Futterplätzen für Wasservögel meist deutlich zurückhaltender als die oft aufdringlichen Lachmöwen.

Lachmöwe im Frühjahr (1) Lachmöwe außerhalb der Brutzeit (2). Sturmmöwe (3). Gelege der Lachmöwe (kleines Bild links).

1

2

3

Vogelschutz im Garten

Die Roten Listen bedrohter oder aussterbender Tierarten werden stetig länger. Die Zerstörung einst unberührter Landschaften durch sich immer rascher ausdehnende Siedlungen und Verkehrswege nimmt drastisch zu. Intensive Land- und Forstwirtschaft lassen die Lebensräume für freilebende Vögel spärlich werden. Daher gewinnen Gärten und Parkanlagen, die nicht primär der wirtschaftlichen Nutzung dienen, für unsere Vögel zunehmend an Bedeutung als Lebensraum aus zweiter Hand.

Wer Vögeln wirkungsvoll helfen möchte, kann mit einem naturnah gestalteten Garten einen Ersatzlebensraum schaffen. Am Ende des Buches finden Sie einen vogelfreundlichen Garten anschaulich dargestellt. Die verschiedenen Vogelschutz-Einrichtungen in der Zeichnung sind mit Zahlen versehen und werden im folgenden erläutert.

Vögel rund ums Haus

Die Anlage einer Hecke aus heimischen Bäumen und Sträuchern bietet Schutz vor Feinden aller Art, darüber hinaus erhalten dadurch insektenfressende Singvögel, wie Mönchs- und Gartengrasmücke, Zilpzalp, Fitis und Gelbspötter natürliche Nistgelegenheiten. Wer einheimische Beerensträucher pflanzt und seinen kurzgeschnittenen Rasen in eine prächtige Wildblumenwiese umwandelt, schafft vielfältige Natur im Garten und geeignete Nahrungsquellen für viele Vögel. Eine kleine Wildnis mit hohem Gras, Himbeer- und Brombeergestrüpp bietet Grasmücken, Goldammer und Heckenbraunelle Unterschlupf. Ein Reisighaufen (12) aus unterschiedlich dicken Zweigen wird von Zaunkönig und Rotkehlchen gerne als Nistplatz angenommen. Wenigstens in einem Teil des Gartens sollte das Laub dort liegenbleiben, wo es im Herbst von den Bäumen und Sträuchern gefallen ist. Es schützt den Boden im Winter vor dem Austrocknen und ist Nahrung für Insekten und Regenwürmer, den bevorzugten Beutetieren von Amsel, Singdrosseln und Star. Auch ein Komposthaufen wird von diesen Vögeln gerne auf Insekten und biologische Küchenabfälle durchstöbert.

Eine Vogeltränke (8) darf in einem vogelfreundlichen Garten nicht fehlen: Ein alter Teller oder eine mit Folie ausgelegte Erdmulde reichen bereits aus, um durstige und badefreudige Vögel anzulocken. Allerdings ist darauf zu achten, daß in der näheren Umgebung der Tränke der Pflanzenwuchs so niedrig gehalten werden muß, daß sich Katzen und andere Vogelfeinde nicht unbemerkt anschleichen können. Man kann die Tränke auch auf einem Pfahl anbringen – dann hat die jagende Katze das Nachsehen und der Vogelfreund bessere Beobachtungsmöglichkeiten in Sichthöhe. Auch eine begrünte Hauswand eignet sich als Ersatzlebensraum für Vögel. Kletterpflanzen wie Efeu, Wilder Wein, Geißblatt und Waldrebe bieten Amseln, Singdrosseln, Rotkehlchen, Grauschnäppern und vielen anderen Vogelarten Nistgelegenheiten. Diese Pflanzen schützen überdies die Hauswand vor Regen, wirken wärmedämmend und binden den Staub.

Nisthilfen im Garten und am Haus

Da in den Siedlungen natürliche Brutgelegenheiten für höhlenbrütende Vögel oft Mangelware sind, läßt sich die »Wohnungsnot« durch das Bereitstellen von *Nistkästen* entscheidend lindern. Wenn auch diese Kunsthöhlen natürliche, vielfältig belebte Schlupfwinkel, wie Spechthöhlen, ausgefaulte Astlöcher oder Rindenspalten, nicht ersetzen können, bieten sie doch vielfach die einzige Chance, manche Vogelarten zum Brüten in die Nachbarschaft des Menschen zu locken. Nistkästen kann man entweder selbst aus Holz bauen oder sich im Zoofachhandel bzw. in einem Gartencenter besorgen. Es gibt eine große Auswahl an Holz- und Holzbeton-Kästen – leider auch Nisthilfen aus Plastik, die völlig ungeeignet sind, da sie sich im Sommer stark aufheizen. Beim Aufhängen muß man dafür Sorge tragen, daß Katzen oder Mardern der Zugang verwehrt bleibt (6). Das Flugloch sollte nach Osten, also nicht zur Schlechtwetterseite weisen, der Kasten ist vor praller Sonne und Regen zu schützen. Der Flugloch-Durchmesser ist entscheidend für die Akzeptanz des Nistgerätes: Kleine Meisenarten (Tannen- und Blaumeise) benötigen 26–28 mm (4); Kohlmeise, Kleiber, Trauerschnäpper 32 mm; ein hochovales Flugloch für den Gartenrotschwanz sollte 45 mm hoch und 30 mm breit sein; der Star schlüpft am liebsten in einen Kasten mit 50 mm Fluglochweite (1). Die Grundfläche für kleinere Höhlenbrüter beträgt mindestens 15 x 15 cm (bei runden Kästen 12 cm Durchmesser), für größere Arten entsprechend mehr. Spezielle Steinkauz-Nisthöhlen (3) sind 80–100 cm lang, der Durchmesser beträgt 17–19 cm. Am besten erkundigt man sich im Fachhandel auch über geeigneten Marderschutz und andere Abwehrmaßnahmen gegen Vogelfeinde, denn vor allem auch davon hängt der Erfolg von Nistkastenbruten ab. Im Herbst, nach dem Ausfliegen der Jungen, muß das alte Nest entfernt werden, da sich sonst darin Parasiten, wie der Vogelfloh, stark vermehren können. Deshalb bauen Kleinvögel in der Regel für jede Brut ein neues Nest. Zusätzlich sollte man den Nistkasten gründlich reinigen (aber nicht mit giftigen Substanzen) und ihn danach gleich wieder aufhängen, denn im Winter dient er den Vögeln als geschützter Übernachtungsplatz.

Für Rotschwänze, Grauschnäpper und Bachstelzen, die aufgrund ihrer Nistgewohnheiten auch als »Halbhöhlenbrüter« bezeichnet werden, hängt man an geschützten Stellen in Bäumen oder an Hauswändem *Halbhöhlen-Nistkästen* (9) auf. Diese Nisthilfen sind vorne offen und sollen ausgefaulte Astlöcher in Bäumen oder Felsspalten und -nischen ersetzen. Der Baumläuferkasten (2) hat einen seitlichen Einschlupf. Künstliche Schwalbennester werden für die Mehlschwalbe außen unter dem Dach (10), für die Rauchschwalben im Innenbereich angebracht (11). Zusätzlich kann man Schwalben für den Nestbau eine Schlammpfütze einrichten (7).

Nisthilfen für freibrütende Vögel lassen sich schaffen, indem man Reisigbündel so an Stämmen anbringt, daß in der entstandenen Nische z. B. Zaunkönig, Rotkehlchen brüten können. Durch einfaches Zusammenbinden mehrerer Zweige entsteht ein *Nistquirl* (5), eine quirlförmige Nestgrundlage für verschiedene Busch- und Baumbrüter.

Erste Hilfe für Findelkinder

Im späten Frühjahr und Sommer, wenn unsere Gartenvögel ihre Jungen aufziehen, kommt es gelegentlich vor, daß man einen scheinbar verlassenen Jungvogel auffindet. Mit seinem kurzen Schwanz, den Resten des Daunenkleides auf Kopf und Rücken und den ständigen Bettelrufen wirkt er so rührend hilflos, daß man ihn am liebsten mitnehmen und füttern möchte.

Jetzt darf nicht voreilig gehandelt werden, sondern es muß sichergestellt sein, daß das Findelkind tatsächlich verwaist ist. Die Jungen vieler Vogelarten verlassen nämlich oft schon das Nest, bevor sie fliegen können. Sie warten in sicherer Deckung auf die futterbringenden Eltern, denen sie ihren Standort durch ihre typischen Bettelrufe mitteilen. Man sollte deshalb den Jungvogel zunächst einige Zeit beobachten. Sitzt er an einer ungeschützten Stelle, bringt man ihn vorsichtig in die Deckung eines Baumes oder Busches und wartet in einiger Entfernung, ob das Findelkind gefüttert wird. Sind die Vogeleltern nach 2 Stunden nicht aufgetaucht und sitzt der Jungvogel apathisch herum, wurde er wirklich verlassen und braucht nun Hilfe. Dieser Fall ist jedoch die Ausnahme, denn die meisten Jungvögel, die man findet, sind nicht verlassen, sondern können lediglich noch nicht so gut fliegen.

Die Aufzucht eines Jungvogels ist schwierig und gelingt meist nur dem Fachmann; in Freiheit haben die Jungvögel viel bessere Überlebenschancen! Überdies macht sich nach dem Naturschutzgesetz strafbar, wer Singvögel mit nach Hause nimmt.

Entgegen der verbreiteten Meinung wird ein Jungvogel, auch wenn man ihn angefaßt hat, allein deshalb nicht von seinen Eltern verstoßen. Nur Säugetiere, wie Rehe und Hasen, mit stark entwickeltem Geruchssinn verlassen ihre Jungen, wenn sie von Menschenhand berührt wurden! Alljährlich werden Zehntausende von Jungvögeln von den Mitarbeitern der Vogelwarten zu Forschungszwecken in die Hand genommen und mit Fußringen versehen – ohne daß sie deshalb verhungern müssen.

Einen wirklich verwaisten jungen Vogel setzt man am besten in einen mit wärmendem Material (Lappen, Heu) ausgepolsterten Blumentopf und stellt diesen an einen ruhigen, dunklen Platz. Zwischen den Fütterungen wird ein Wollappen über das Junge gelegt, damit es nicht auskühlt.

Alle 1 bis 2 Stunden verabreicht man dem Findelkind mit einer stumpfen Pinzette ein Kügelchen aus Magerquark, Weichfutter (das viele Insekten enthält), hartgekochtem Ei und feingeschnittenem rohen Herz. Besonders bei heißem Wetter sollte der Jungvogel auch öfter ein paar Tropfen Wasser bekommen. Nach diesen ersten Hilfsmaßnahmen bringt man das Vogeljunge möglichst bald zu einem Fachmann in eine Vogelwarte oder Vogelschutzvereinigung, denn die Aufzucht eines Findelkinds erfordert große Sachkenntnis. Damit es artgerecht gefüttert werden kann, muß man zuerst seine Artzugehörigkeit feststellen und schon das ist bei vielen Jungvögeln sehr problematisch. Darum gilt in erster Linie, bei aller Liebe zu Vögeln: Jungvögel nicht mit nach Hause nehmen, sondern sie in ihrem Lebensraum belassen.

Wie bestimme ich einen unbekannten Vogel?

Der Hobby-Vogelkundler muß nicht zu fernen Vogelparadiesen reisen, um das Leben und Verhalten seiner gefiederten Freunde zu studieren. Denn bereits das Treiben der Vogelschar rings ums Haus und im Garten bietet eine Fülle von interessanten Beobachtungsmöglichkeiten. Die häufigsten Gartenvögel wie Amsel, Grünfink, Kohl- und Blaumeise, Rotkehlchen und Hausrotschwanz wird man deshalb schon bald schnell und sicher bestimmen können. Deshalb an dieser Stelle noch einige allgemeine Beobachtungs- und Bestimmungstips.

Nicht immer ist es leicht, festzustellen, welcher Art ein Vogel angehört und welchem Geschlecht – wenn Männchen und Weibchen unterschiedlich aussehen. In der Regel sieht man den Vogel nur kurz und sollte sich, bevor er wegfliegt, möglichst viele Details über sein Aussehen und Verhalten einprägen. Dabei hilft die Kenntnis der wichtigsten und häufigsten heimischen Vögel entscheidend weiter. Eine Heckenbraunelle zum Beispiel läßt sich als solche bestimmen, indem man sie einfach mit dem »Allerweltsvogel« Haussperling (dem »Spatz«) vergleicht und feststellt, daß sie einen viel schlankeren Schnabel hat und ein ganz anderes Verhalten zeigt. Es ist also sinnvoll, sich mit dem Aussehen, dem Verhalten und der Lebensweise häufiger Vogelarten vertraut zu machen, ehe man sich an das Bestimmen unbekannter Arten macht. Wenn einem diese »Referenzarten« gut vertraut sind, ist der erste Schritt auf dem langen Weg zum »Vogelspezialisten« getan.

Für die Vogelbestimmung wichtige Merkmale sind vor allem *Größe* und *Gestalt*; die Größenabschätzung ist jedoch oft schwierig, denn sie wird von Entfernung und Lichtverhältnissen beeinflußt. Weiter müssen zur Bestimmung das Aussehen von *Schnabel* und *Schwanz* (jeweils Länge und Form), die *Beinlänge* sowie auffällige *Gefiedermerkmale* (Färbungen und Kontraste, erkennbare Augenstreifen und Flügel- oder Schwanzbänder) herangezogen werden. Im Flug ist auf *Länge* und *Form* der *Flügel* zu achten. Von großer Bedeutung sind *Stimme* sowie auffällige Verhaltensweisen wie die Art der *Fortbewegung am Boden* (etwa Hüpfen, Rennen, Schreiten) oder die *Flügelschlagweise*. Der fortgeschrittene Vogelfreund bezieht auch Lebensraum und Jahreszeit des Auftretens in seine Bestimmungsüberlegungen mit ein und kann dadurch bereits die ein oder andere Art ausschließen: Eine Feldlerche im dichten Fichtenforst ist sehr unwahrscheinlich, das gleiche gilt für einen Fitislaubsänger im Januar.

Je nach Vogelart ist das eine oder andere der erwähnten Kriterien bei der Bestimmung ausschlaggebend oder eben weniger bedeutsam, und häufig führt nur die gleichzeitige Prüfung mehrerer Merkmale zum Ziel. Übung und Erfahrung sind natürlich die wichtigsten Voraussetzungen für erfolgreiche Artbestimmumg.

Weiterführende Literatur / Tonträger

Burton, R. (1991): Unsere gefiederten Nachbarn. SDK Verlags GmbH, Stuttgart.

Nicolai, J. (1982): Fotoatlas der Vögel. Gräfe und Unzer Verlag, München.

Nicolai, J. (1991): GU Naturführer Singvögel – Kennenlernen, Erleben, Schützen. Gräfe und Unzer Verlag, München.

Nicolai, J. (1993): GU Naturführer Greifvögel und Eulen– Bestimmen, Kennenlernen, Schützen. Gräfe und Unzer Verlag, München.

Nicolai, J. / **Singer**, D. / **Wothe**, K. (1984): GU Naturführer Vögel. Gräfe und Unzer Verlag, München.

Roché, J. C. (1995): Die Stimmen der Vögel Mitteleuropas auf CD (2 CD's). Franckh-Kosmos Verlags-GmbH & Co., Stuttgart.

Roché, J. C. / **Pott**, E. (1993): Vogelstimmen in Wald, Park und Garten auf CD (1 CD). Franckh-Kosmos Verlags-GmbH & Co., Stuttgart.

Roché, J. C. / **Singer**, D. (1995): Alle Vögel sind schon da. Unsere Singvögel in Wort, Bild und Ton (1 CD). Franckh-Kosmos Verlags-GmbH & Co., Stuttgart.

Vogel-Register

© 1996 Gräfe und Unzer Verlag GmbH, München

Alle Rechte vorbehalten. Nachdruck, auch auszugsweise, sowie Verbreitung durch Film, Funk und Fernsehen, durch fotomechanische Wiedergabe, Tonträger und Datenverarbeitungssysteme jeder Art nur mit schriftlicher Genehmigung des Verlages.

Redaktion und Herstellung:
  Verlagsbüro Kopp
Zeichnungen:
  Christine Mills

Produktion:
  Helmut Giersberg
Repro: Penta-Repro
Satz: Filmsatz Schröter
Druck: Appl
Bindung: Auer

ISBN 3-7742-2886-8

Auflage 4. 3. 2.
Jahr   99 98 97 96